Ирина Червенкова

СОПОСТАВИТЕЛЬНОЕ ИССЛЕДОВАНИЕ СОВРЕМЕННОЙ РУССКОЙ И БОЛГАРСКОЙ ЛЕКСИКИ

*Издание посвящается
80-летию проф. Ирины Червенковой*

Ирина Червенкова

СОПОСТАВИТЕЛЬНОЕ ИССЛЕДОВАНИЕ СОВРЕМЕННОЙ РУССКОЙ И БОЛГАРСКОЙ ЛЕКСИКИ

© Ирина Червенкова – автор
© Анна Липовска, Надежда Делева – составители и редакторы

ISBN 978-1-936572-09-0

Второе издание (2015)

Cerebellum Press
Chicago, USA

ОГЛАВЛЕНИЕ

Об авторе

Предисловие

Введение

Глава 1. Сопоставительное изучение русской и болгарской лексики (краткий обзор) – 9

Глава 2. Сопоставительное описание лексики на основе попарного сравнения лексических единиц сопоставляемых языков – 18

    2.1. Попарный сопоставительный анализ лексических единиц. Принципы и методика – 22

    2.2. Формальный аспект сопоставительного анализа лексических пар (Ф-анализ) – 42

    2.3. Содержательный аспект сопоставительного анализа лексических пар (С-анализ) – 58

Глава 3. Формально-семантический анализ русско-болгарских лексических пар. Сопоставительная картотека лексических пар – 125

    3.1. Картотека формального аспекта сопоставления русско-болгарских лексических пар – 127

    3.2. Картотека содержательного аспекта сопоставления русско-болгарских лексических пар – 133

Глава 4. Сопоставительный анализ лексических пар. Обработка материала. Обобщение результатов – 156

    4.1. Результаты формального аспекта сопоставительного анализа русско-болгарских лексических пар – 160

    4.2. Результаты содержательного аспекта сопоставительного анализа русско-болгарских лексических пар – 178

    4.3. Результаты сопоставительного анализа русско-болгарских лексических пар в обоих его аспектах – формальном и содержательном – 208

Заключение – 215

Библиография – 223

Условные сокращения и символы – 241

Предметный указатель – 243

Об авторе

Профессор Ирина Червенкова (28.06.1931 - 17.05.2014) работала в Софийском университете имени Святого Климента Охридского на кафедре русского языка филологического факультета (1954-1999).

Она окончила с отличием филологический факультет Московского государственного университета имени М.В. Ломоносова по специальности Русский язык и литература (1954) и заочную аспирантуру в академическом Институте русского языка имени В.В. Виноградова (1974). Ее научным консультантом был акад. Ю. Д. Апресян.

В Софийском университете профессор Червенкова читала лекционные курсы по Современному русскому языку, Фонетике, Фонологии, Лексикологии, Лексикографии, Фразеологии (1957-1999), Семантике и переводу (1976-1980), Семантике (1981-1999) и Сопоставительной лексикологии (1981-1999). В университете она также руководила научным кружком студентов-русистов.

Ее научные труды посвящены главным образом лексической семантике, сопоставительной лексикологии и двуязычной лексикографии.

Профессор Червенкова была членом редакционной коллегии журнала «Болгарская русистика» (1974-1993) и членом редакционного совета журнала «Сопоставительное языкознание» (с 1993 г.).

Будучи крупнейшим специалистом в области сопоставительной лексики болгарского и русского языков, профессор Червенкова многие годы руководила работой Проблемной группы по сопоставительному анализу современной лексики русского и болгарского языков при кафедре русского языка Софийского университета. В работе этой группы принимали участие: Р. Брайнова, С. Василева, Н. Делева, Т. Димитрова-Танчева, А. Карловска, Н. Ковачева, М. Лазарова, А. Липовска, Л. Павлова, С. Станева (София), Е. Василева, М. Зозикова, Г. Косева, Г. Мишевска, И. Чонгарова, М. Шахаран (Пловдив), М. Ганчева (Велико Тырново), М. Душкова, Д. Илиева, Г. Михайлова (Русе), В. М. Шевелев (Харьков).

Предисловие

Некоторым посвященным текст настоящего издания известен уже 20 лет. Рукопись монографии Ирины Червенковой, профессора Софийского университета им. Св. Климента Охридского, долгие годы служила ее ученикам и коллегам учебником и путеводителем по проблемам сопоставительного описания русской и болгарской лексики. Все это время, комментируя текст и приводя цитаты из него, исследователи вынуждены были указывать после библиографических данных – рукопись.

Решение опубликовать легендарную рукопись было принято без ведома автора, ответственность за него несут нижеподписавшиеся.

Есть книги, научная ценность и актуальность которых не подвластны времени. Монография Ирины Червенковой и в наши дни представляет большой интерес для лингвистов, переводоведов, методистов, студентов-русистов, всех тех, кто исследует и описывает русскую и болгарскую лексику, интересуется сходствами и различиями в русском и болгарском языках.

Надеемся, что публикация монографии будет положительно встречена ее автором. Уверены, что печатное издание с радостью примут и русисты, имеющие прямое отношение к сопоставительному исследованию русской и болгарской лексики: Р. Брайнова, С. Василева, Т. Димитрова-Танчева, А. Карловска, Н. Ковачева, М. Лазарова, Л. Павлова, С. Станева (София); Е. Василева, М. Зозикова, Г. Косева, Г. Мишевска, И. Чонгарова, М. Шахаран (Пловдив); М. Ганчева (Велико-Тырново); М. Душкова, Д. Илиева, Г. Михайлова (Русе). Все они – члены большого коллектива, работавшего под руководством проф. Червенковой в течение многих лет, исполненных трудностей и радостей научного творчества. Все они – представители школы проф. Червенковой.

Анна Липовска
Надежда Делева

21 марта 2011 года
София

Введение

Изучение языков в их сравнении – традиционная сфера лингвистики. И для современного ее состояния остаются актуальными задачи типологического и сравнительно-сопоставительного исследования – в диахроническом и синхроническом плане, осуществляемого в собственно теоретических и прикладных (лексикографических, переводческих и лингводидактических) целях. «Последние три десятилетия характеризуются возросшим интересом языковедов и методистов к сопоставительной лингвистике» [Юсупов 1988: 6], становление которой как самостоятельной лингвистической дисциплины происходит в настоящее время [Сятковский 1984].

В русле задач сопоставительной лингвистики лежит изучение пар языков, предполагающее сопоставление на разных уровнях анализа языка.

Обязательным компонентом сопоставительного изучения языков является сопоставительная характеристика лексики этих языков.

В сопоставительном изучении русского и болгарского языков – языков близкородственных – лексика, как та область языка, в которой эта близость проявляется наиболее ярко, представляет с этой точки зрения особенный интерес в качестве объекта сопоставительного исследования.

Сам факт этой близости в доказательстве не нуждается. Но форма и мера ее проявления далеко не очевидны, и, чтобы наполнить содержанием утверждение о лексическом сходстве русского и болгарского языков, необходимы специальные исследования. Их цель – определить качественные и количественные характеристики лексической близости русского и болгарского языков. Сопоставительное исследование лексики при этом рассматривается как часть целостного исследования языков, в данном случае русского и болгарского, в их сопоставлении, направленного на выявление общего и специфического в них, на построение типологии их соответствия на всех уровнях лингвистического анализа.

Вместе с тем в области синхронно-сопоставительного изучения современной русской и болгарской лексики сделано пока относительно немного[1]. Здесь следует иметь в виду общую недостаточную разработанность сопоставительной лексикологии, отмечаемую В.Н.Ярцевой: «Казалось бы, что наиболее благоприятные обстоятельства могли сложиться для исследований в области лексики, так как в известной мере все составители двуязычных словарей были вынуждены задумываться над сходными и различными оттенками в значениях регистрируемых слов. Однако, как это ни странно, именно в области контрастивной лексикологии крупных достижений в области теории незаметно» [Ярцева 1981: 11]. К такому заключению приводит и краткий обзор болгарской лингвистической литературы по сопоставительному анализу современной русской и болгарской лексики.

---

[1] Сопоставительных исследований в области истории русской и болгарской лексики в данной работе не рассматриваются.

Глава 1

СОПОСТАВИТЕЛЬНОЕ ИЗУЧЕНИЕ СОВРЕМЕННОЙ РУССКОЙ И БОЛГАРСКОЙ ЛЕКСИКИ
(краткий обзор[2])

Сопоставительный анализ современной русской и болгарской лексики имеет свой историю.

В болгарской лингвистической литературе этой теме посвящены работы, касающиеся групп и отдельных слов, а также ориентированные на более широкий охват лексики[3].

Так, выяснению близости между славянскими языками, и в частности между болгарским и русским в их современном состоянии, уделяет внимание в одной из своих статей конца 40-ых годов XX в. акад. Владимир Георгиев [Георгиев 1948]. Критерием определения лексической близости в этой работе служит точка зрения интеллигентного болгарина, не изучавшего никакого другого славянского языка. При этом сходство слов определяется на основе их «внешней» похожести в отвлечении от их фонетических, морфологических и синтаксических характеристик; вопрос об их семантическом соответствии не ставится. В результате слова разделяются на четыре категории в зависимости от меры их сходства или различия следующим образом:

1. слова, которые воспринимаются как одинаковые с болгарскими или очень близкие им (*дом, долг, работа*);
2. близкие слова (*газ, город, дают, создан*);

---

[2] Часть этого обзора вошла в [Червенкова 1982а: 123–128].
[3] См., например, [Бабов 1972], [Сопоставительные исследования 1982], а также библиографию в журналах «Болгарская русистика» и «Съпоставително езикознание».

3. более далекие слова, с отличием в фонетическом и префиксально-суффиксальном оформлении, в силу чего понятность таких слов для болгарина сомнительна (*вновь, сейчас, снова*);
4. непонятные слова (*выступление, деревня, захватчик*).

Анализ одинаковых выборок из произведений литературного русского и болгарского языков в соответствии с указанными принципами позволил автору отнести к первой категории 60–80%, ко второй и третьей, взятым вместе, – 5–15% и к четвертой – 10–20% русских слов. Высокий процент близкой (в том числе очень близкой и одинаковой) с точки зрения болгарского языка русской лексики объясняется, по-видимому, не только общностью происхождения и взаимовлиянием в процессе их раздельного существования, но и способом определения этой области, не включающим в качестве самостоятельного семантический фактор и опирающимся на сходство внешнего облика слов без детализации форм и меры этого сходства. Для автора в данном случае важно было показать наличие лексической близости, понятность русского языка для болгарина. Задача сопоставительного исследования болгарской и русской лексики здесь не ставилась.

Вопросом лексической близости русского и болгарского языков занимался известный болгарский русист – лексикограф Сава Чукалов. Пафос работ С.Чукалова – в выявлении и подчеркивании близости русского и болгарского языков. Им был предпринят первый в болгарской лингвистике опыт сплошного сопоставления русской и болгарской лексики на базе словарей [Чукалов 1958]. За основу был взят *Толковый словарь русского языка* под ред. Д.Н.Ушакова. Описание результатов сопоставления сгруппировано по частям речи с указанием количества «одинаковых» русских и болгарских слов, причем отдельно подсчитывались слова славянского и неславянского происхождения. Содержавшийся в статье общий вывод о том, что большая часть лексики, которая употребляется в языке современной науки и литературы этих языков, совершенно одинакова («досущ еднаква»), подкрепляется цифрами: 20–25 тыс. слов признаются одинаковыми, что составляет ¼ всей русской лексики, включенной в *Толковый словарь* под ред. Д.Н.Ушакова. «Стотици и хиляди думи в двата езика се пишат и произнасят еднакво и имат едно и също значение» [Чукалов 1958: 134].

Проделанная работа и представленный в статье материал чрезвычайно интересны. Общий вывод о большой близости русской и болгарской лексики следует признать бесспорным. Вряд ли так же обстоит дело, однако, с конкретными формулировками и цифровыми данными. Основанием к утверждению об «одинаковости» русского и болгарского слова для автора оказывается полное (или почти полное) графическое или фонетическое сходство слов при условии их смыслового совпадения. При этом явно имеется в виду только «представительная», словарная форма слов или основа и, с другой стороны, не принимаются во внимание различия (а не только совпадение) в содержательной сфере слов, в их сочетаемости и стилистическом распределении (например, без оговорок считаются одинаковыми такие русские и болгарские слова, как р. *баба, глава, двойка, простой, стоять,* с одной стороны, и б. *баба, глава, двойка, прост, стоя,* с другой).

Более строгий и точный критерий анализа, по-видимому, позволит конкретизировать и уточнить имеющиеся в статье выводы. В свете задач сопоставительного изучения русской и болгарской лексики данная работа С.Чукалова заслуживает пристального внимания.

Не менее интересна другая работа С.Чукалова, в которой на материале того же словаря рассматриваются случаи формального сходства при семантическом расхождении русских и болгарских слов (800), «которые пишутся и произносятся одинаково, но имеют разные значения» [Чукалов 1960: 109]. По поводу этого исследования можно было бы сделать замечания об отсутствии строгих критериев анализа, в частности относительно самого понятия межъязыковой омонимии, толкуемой слишком широко[4]. Однако следует иметь в виду, что сам автор видел в данной работе прежде всего «сырой мате-

---

[4] За омонимы принимаются, например, и такие случаи русско-болгарского сходства, как р. сущ. *висок* и б. прил. *висок,* р. сущ. *вика* и б. глагол *вика,* р. сущ. *вещица* и б. сущ. *вещица.*

риал для дальнейших исследований и для более подробных и точных разработок исключительно интересного и важного вопроса о богатой русско-болгарской омонимике» [Чукалов 1060: 131]. Действительно, статья содержит большой материал, представленный в виде словаря, который требует дальнейшего изучения.

Сопоставление лексики общеславянского происхождения в русском и болгарском языках является предметом исследования в работе Н.М.Дылевского, насыщенной материалом и направленной на поиск «прежде всего сходства между болгарскими и соответствующими русскими словами» [Дылевский 1958: 93]. Слова (существительные, прилагательные, глаголы) сравниваются по их внешнему облику (звуковому и графическому), причем имеется в виду, по существу, основа слова, когда относительно таких болгарских слов, как *мак, бук, лук, слива, вол, плуг, ток, игла, нож, квас, дом, брат* и пр., утверждается, что они «почти на все сто процентов тождественны соответствующим русским» [Дылевский 1958: 94]. Отмечается возможность для подобных слов смыслового и стилистического различия, однако последовательного анализа материала в этом плане не проводится: это не входит в задачи данного исследования. «Для нас важна общая картина очевидного сходства в области общеславянской лексики болгарского и русского языков, создающая впечатление исключительной лексико-семантической близости» [Дылевский 1958]. Лексическое сходство рассматривается автором как относительная величина, им выделяются четыре степени сходства русских и болгарских слов:

I. слова, одинаковые по значению и имеющие предельно близкое фонетическое оформление – «вполне совпадающие»;

II. слова с одинаковым значением, но с более значительными несоответствиями в своем звуковом облике;

III. слова с одинаковым значением и тождественным или близким звуковым оформлением, но принадлежащие к различным стилистическим пластам в обоих языках;

IV. слова, одинаковые или близкие по форме, но с различным смысловым значением [Дылевский 1958: 130].

Ценно в данном случае само разграничение случаев лексического сходства по степени, однако дифференциация указанных групп не вполне строгая. Анализируемый в работе материал не подвергается классификации в соответствии с данной схемой (это также выходит за рамки задач, стоявших перед автором). Исследование Н.М.Дылевского содержит богатый материал для дальнейшего анализа лексики русского и болгарского языков.

Важное место в сопоставительном описании русской и болгарской лексики занимает работа Марии Джанановой о принципах репрезентации слова в двуязычном словаре [Джананова 1967]. В работе нашла выражение мысль автора о недостаточности – в целях активного пользования словарем – обычного для двуязычных словарей способа подачи слова и о необходимости отражения в нем и лексико-синтаксической сочетаемости слов. Данный лексикографический подход, в сущности, отражает представление о принципах сопоставления болгарской и русской лексики, согласно которой сочетаемостные возможности слова – обязательный элемент лексических сопоставлений. М.Джанановой не только была высказана и обоснована идея, но и предпринят опыт создания болгарско-русского словаря сочетаемости, который, к сожалению, не был завершен.

В последующие годы в болгарской русистике появились исследования монографического типа, в которых объектом анализа избирался некоторый «участок» русской лексики (в сопоставлении с болгарской) и изучался под разным углом зрения.

Так, глаголы, объединенные значением положения тела в пространстве, в современном русском и болгарском языках, как образующие определенные лексико-семантические группы в каждом из сравниваемых языков, рассматриваются Н.П.Ковачевой в [Ковачева 1974], [Ковачева 1982] с учетом лексико-грамматической сочетаемости единиц данных лексико-семантических групп в русском и болгарском языках, которая исследуется на основе анализа глаголов положения с точки зрения валентных свойств и их лексической реализации. Здесь представлен опыт ономасиологического аспекта в сопоставительном изучении лексики двух близкородственных языков.

Изучение конкретной предметной лексики – на материале существительных, входящих в одну из трех лексико-семантических групп (ЛСГ): 'названия частей тела', 'названия животных', 'названия артефактов', в современном русском и болгарском языках посвящена работа П.Легурской [Легурска 1982]. Здесь русские и болгарские многозначные существительные, принадлежащие названным ЛСГ (в русском и болгарском языках соответственно), подвергнуты сопоставительному анализу в аспекте внутрисловной семантической деривации. И в данной работе, следовательно, нашел выражение ономасиологический подход в сопоставительном изучении лексики, однако здесь в центре внимания – семантические процессы, связанные с вторичной лексической номинацией, рассматриваемые на материале определенных участков лексической системы русского и болгарского языков.

Работы, которые упоминались выше, в целом относятся к области сопоставительного изучения русской лексики одной из функциональных разновидностей русского литературного языка, а именно кодифицированного литературного языка. Если верно, что русская и болгарская лексика в их сопоставлении изучены недостаточно, исследование разговорной речи как функциональной разновидности русского литературного языка в сопоставлении с болгарской еще только начинается. Здесь следует указать работы Х.Стайковой ([Стайкова 1978], [Стайкова, Васильева 1988]). Автор приводит наблюдения над лексикой разговорной речи в плане системного сопоставительного описания русского и болгарского языков, отмечая на основе анализа нескольких семантических объединений лексических групп и отдельных слов общие черты и различия («национальную специфику») в семантической структуре и семантической деривации русской и болгарской лексической единицы. При этом русские и болгарские слова сравниваются по форме и по смыслу – с учетом их принадлежности к разговорной речи, определяемой по словарным данным (наличию пометы *разг.*), и на этом основании выделяется несколько типов соответствия в сфере русской и болгарской лексики.

Критерий разграничения, однако, и здесь нельзя признать достаточно строгим: «совпадающие или очень близкие по форме», «сходные по форме», «относительно близкие по форме» слова в русском и болгарском языках. Определение характера их семантических отношений, опирающееся на данные словарей (словарные толкования и наличие / отсутствие пометы *разг.*), в том виде, в каком оно дано в работе, представляется весьма общим и приблизительным, и потому вывод, что «из 4397 исследованных русских разговорных слов по форме и по значению полностью совпадают с болгарскими 193 слова, т.е. 4,35% всех слов» [Стайкова, Васильева 1988: 84], выглядит неубедительным. Такое утверждение, однако, не означает, что ставится под сомнение значение результатов проведенного исследования, являющегося к тому же первым опытом изучения разговорной лексики в сопоставительном плане. Имеющийся в книге языковой материал и наблюдения, интересные и ценные сами по себе, послужат стимулом для углубления в этой области сопоставления русского и болгарского языков.

Вопросы сопоставительного изучения русской и болгарской лексики являются объектом лингводидактики. Сюда относятся, в частности, работы Э.Гочевой ([Гочева 1975а; 1975б; 1976]), методическая направленность которых определяет отбор сопоставляемой лексики и характер методики анализа. Для этого подхода принципиально важен учет и формы, и значения, а также сочетаемости сопоставляемых слов, что позволяет автору дать на этой основе классификацию русско-болгарских соответствий, представленную и в виде словаря – русского лексического минимума с ориентацией на болгарского учащегося.

С позиций методических задач по усвоению русской лексики в болгарской школе рассматривается проблема сопоставления лексики и в работе М.Тончевой [Тончева 1979]. Объектом наблюдения здесь служит «близкая» лексика, под которой понимается русская лексика, материально (по звучанию) сходная с болгарской и потому узнаваемая болгарскими учащимися. Термин «близкая лексика» в этом случае относится к области методики и психологии обучения; собственно и для автора это рабочий термин, который не имеет лингвистического характера.

В плане сопоставительных исследований русской и болгарской лексики представляет интерес работа З.Ивановой и В.Занглигера [Иванова, Занглигер 1980] о результатах проведенного авторами эксперимента и с целью установления состава русской лексики, активно усваиваемой в болгарской средней школе.

В болгарской русистике сопоставительное изучение русской и болгарской лексики получило еще одно направление – лингвострановедческое, включающее сравнение лексики с точки зрения отражения в ней элементов национальной культуры («лексический фон слова»). Здесь прежде всего назовем работы К.Андрейчиной, предложившей способ сравнения лексического фона понятийно-эквивалентных слов двух разных языков (способ лексической компарации) и разрабатывающей его на материале русской и болгарской лексики [Андрейчина 1977]. Результаты такого рода исследований имеют непосредственное отношение к решению задачи адекватного сопоставительного описания русской и болгарской лексики.

Завершая краткий обзор состояния сопоставительного изучения (до 1989 г.) современной русской и болгарской лексики и имея в виду указанные выше публикации, отметим, что картина сходства в области лексики русского и болгарского языков, представленная в болгарской русистике, с упором на лексическую близость этих языков – в более ранних работах ([Георгиев 1948], [Чукалов 1960], [Дылевский 1958]) и с переносом акцента на имеющиеся различия – в последующих работах, оказывается весьма общей, нестрогой по своему характеру.

Сопоставительное исследование русской и болгарской лексики, которое дало бы более полное и точное описание сходств и различий в лексике, конкретных форм и меры их проявления, предполагает достаточно широкий охват словаря этих языков, с одной стороны, и анализ его с помощью определенных единых принципов и методики, с другой.

Это означает не просто расширение круга лексики, вовлекаемой в сопоставительный анализ (такое накопление материала необходимо, и оно продолжается), но «сплошное» [Супрун 1975: 164] сопоставительное исследование лексики в ее системных связях и функционировании в каждом из сравниваемых языков.

Естественно, встает вопрос о методе и конкретной методике исследования. Выбор в данном случае зависит от общего состояния оснащенности сопоставительных исследований, степени изученности соответствующих фактов и явлений в сравниваемых языках и от специфики самого объекта исследования. Уже только последнее само по себе обусловливает закономерность поиска различных путей к достижению целей сопоставительной лингвистики [Червенкова 1987а: 33].

Глава 2

СОПОСТАВИТЕЛЬНОЕ ОПИСАНИЕ ЛЕКСИКИ НА ОСНОВЕ ПОПАРНОГО СРАВНЕНИЯ ЛЕКСИЧЕСКИХ ЕДИНИЦ СОПОСТАВЛЯЕМЫХ ЯЗЫКОВ

В сопоставительном исследовании лексики современная лингвистическая наука использует разные подходы – собственно лингвистические и свойственные сложившимся сравнительно недавно направлениям анализа языка, в частности психолингвистические (см., например, [Василевич 1977; 1988]).

Общим для сопоставительных исследований лексики в наше время является учет ее системного характера. И, по-видимому, наиболее прямым путем, ведущим к достижению намеченной цели, было бы сопоставление лексических систем данных языков. Понятно, что такое сопоставление возможно при условии, что уже описаны лексические системы каждого из языков в отдельности, причем по единой модели, на базе одного метода и с помощью одной и той же методики. Это необходимое условие сопоставимости полученных результатов и адекватности результатов последующего сопоставительного исследования.

Такого рода сопоставительные исследования лексики, однако, нам не известны. Нет, в частности, подобного описания и русской и болгарской лексики. В таких условиях сопоставительные исследования в области лексики могут проводиться на основе сопоставления отдельных участков лексики, опирающегося на представление о системном характере ее организации.

Действительно, сопоставительное исследование лексики осуществляется в разных аспектах, лексические явления изучаются под разным углом зрения, на разном материале (двух или более языков) и с разным по широте его охватом. Это разнообразие обусловлено уже самой природой лексики, ее единиц. Лексическая единица обладает сложной структурой и функциональной вариативностью, что делает оправданным специальное изучение каждой лексической единицы и ее монографическое описание. Вместе с тем она является единицей некоторой (специфической) системы, что предопределяет необходимость учета ее связей, парадигматических и синтагматических, а также места и роли в функционировании этой системы, ее «поведения» в речи.

При этом в работах, посвященных сопоставлению лексики, за исходное, за отправную точку принимается план содержания или план выражения лексической единицы как языкового знака. Объект анализа – семантически объединенное лексическое множество (семантическое поле, лексико-семантические группы), отдельные лексические единицы или же определенные явления и процессы в лексике (например, в области полисемии, синонимии, номинации, деривации и т.д.). Факты и явления рассматриваются в их системном и (или) функциональном аспекте, в направлении анализа от парадигматических или от синтагматических связей лексических единиц. Исследованию подвергается лексика неродственных и лексика родственных языков, в том числе и близкородственных, причем внимание сосредоточивается на сходном и различающемся в сравниваемых языках. Такие исследования служат целям теоретического описания языка, установления универсальных, общих и специфических черт разных языков, а также практическим задачам, связанным с проблемами перевода, создания словарей и обучения неродному языку.

Таковы, например, исследования русской лексики в сопоставлении с чешской и словацкой: [Коллар 1973], [Филипец 1973б], [Будовичова 1983] [Секанинова 1983]. С позиций системного подхода к лексике, на базе сопоставительного анализа лексических единиц, семантически объединенных в определенные лексические группы, проводится сопоставительное описание русской и французской [Гак 1977б], русского и литовского [Гудавичюс 1985], русского и других языков (см., например, [Сопоставительное исследование 1975], [Сопоставительно-семантические исследования 1979; 1980], [Семантические процессы 1984], [Семантическая специфика 1985], [Семантическая общность 1986]), позволяющее автору делать выводы об общих и специфических чертах в сфере лексических систем сравниваемых языков. Такой подход предполагает расширение объекта сопоставительного анализа путем включения в него новых лексических групп – с ориентацией на в конечном счете полный охват сравниваемых лексических систем.

Между тем возможен и другой путь. Задача сопоставительного описания лексики, по-видимому, может решаться разным способом для неродственных и родственных языков и, в частности, для языков близкородственных. Очевидно, близкое родство болгарского и русского языков, проявляющееся наиболее широко и ярко именно в словаре, определяет особенности сопоставления в области их лексики и должно быть принято во внимание при выборе исследовательских приемов.

В наше время, когда формируется теоретическая база сопоставительной лингвистики [Сятковский 1984], следует искать и проверять разные подходы к сопоставительному изучению и описанию лексики [Супрун 1980]. Считая «идеальным» такое сопоставление лексики двух языков, которое опирается на предварительное и к тому же единообразное, на основе единых принципов и методики, описание лексики каждого из сравниваемых языков (а не только отдельных ее участков) в ее системных связях, но в то же время, не располагая подобным описанием русского и болгарского языков, мы находим возможным и целесообразным в наших условиях пойти иным путем.

В отношении русской болгарской лексики, учитывая состояние ее исследованности с точки зрения задач сопоставительного описания и существующей теоретической базы для сопоставительного исследования, выбираем путь, идущий через сплошное сопоставление лексики, включающее попарное сравнение лексических единиц этих языков с учетом их системных связей в каждом из языков. Такое попарное лексическое сопоставление в принципе позволяет охватить весь словарь и сделать сравнение в области лексики не выборочным, а сплошным, что необходимо для целостного сопоставительного описания.

Отправной точкой, своего рода толчком в выборе такого подхода послужила работа А.Е.Супруна [Супрун 1975]. В ней речь идет о сплошном сопоставительном анализе лексики двух языков, в основе которого лежит сопоставительный анализ отдельных слов с целью выявить типовые характеристики взаимоотношений между ними и приводятся в качестве иллюстрации результаты сплошного просмотра материала – на базе словарей – на букву Ж в белорусском и русском языках.

Сплошное сопоставление лексики, о котором идет речь, разумеется, не отрицает сопоставительного анализа по лексическим группам. Подход к описанию лексики, с одной стороны, от лексико-семантических групп (полей) и, с другой, от отдельных слов (отдельных значений многозначного слова) находим в работе А.М.Кузнецова [Кузнецов 1980], например, в которой предлагаемые способы исследования лексикосемантической системы иллюстрируются на материале одного – английского – языка. Применение его к сопоставительному описанию близкородственных языков представляется принципиально возможным и целесообразным.

Попарное сопоставление не противоречит принципу описания лексики с учетом ее системности. Сопоставление слова одного языка со словом другого есть только начало анализа, в процессе которого мы переходим от одной пары слов к другим, связанным с ними в системе языка. Это дает возможность, начиная с анализа сходств и различий лексических единиц в пределах пары, перейти впоследствии к выявлению сходств и различий в лексических объединениях, в которые входят сравниваемые лексические единицы, – в лексикосемантических группах, лексико-семантических полях и в целом в лексических системах данных языков.

2.1. Попарный сопоставительный анализ лексических единиц. Принципы и методика

Предлагаемый подход к сопоставительному описанию современной русской и болгарской лексики рассматривается как процесс сопоставительного исследования этой лексики, состоящий из определенных этапов.

Сопоставительное описание, преследующее цель дать адекватную картину сходства и расхождении в области лексики современного русского и болгарского языков, предполагает анализ лексики как на уровне системы, так и в коммуникативном аспекте, во всех ее функциональных разновидностях. Понятно, что такой анализ возможен только при наличии соответствующего речевого материала, которого мы, как уже отмечалось, пока, однако, не имеем и обеспечение которого означает длительный подготовительный период накопления, обработки, изучения фактов письменной и устной речи. Источником материала для подобного анализа должны служить письменные тексты разных жанров, оригинальные (русские и болгарские) и переводные (с русского на болгарский и с болгарского на русский), в том числе словари, занимающие среди них особое место, а также записи устной речи. Важным источником является «отрицательный» материал, ошибки в письменной и устной речи, допускаемые изучающими язык как неродной. Создание такой базы – необходимое условие для осуществления программы сопоставления русской и болгарской лексики, требующее специальной организации, с использованием современной техники. В связи со сложностью, многоаспектностью задачи целесообразным представляется выделение определенных этапов в процессе сопоставительного описания, когда каждый этап ограничен своими конкретными целями и результатами. Ограничения касаются уровня, аспектов сопоставления и охвата материала на каждом этапе работы.

На начальном этапе сопоставительного исследования русской и болгарской лексики осуществляется анализ лексических единиц современного литературного русского и современного литературного болгарского языков. В центре внимания – попарный сопоставительный анализ русской и болгарской лексических единиц (далее сокращенно Р и Б). Сопоставляются лексические единицы (прежде всего – слова), взятые, однако, не изолированно, а как единицы систем соответствующих языков.

Изучение лексики с учетом ее системной организации предполагает и требует тщательного исследования каждой лексической единицы данного языка. Сопоставительный анализ отдельных лексических единиц сравниваемых языков – обязательный компонент всякого сопоставительного описания лексики. Это обязательный элемент в сопоставлении лексических систем как ее основа: сравнение лексических систем предполагает тщательное сравнение их единиц. Принцип попарного сопоставительного анализа как прием сопоставительного описания лексики, как кажется, согласуется с выдвигаемым в сопоставительной лингвистике принципом достаточной глубины сравнения (см. [Юсупов 1988: 9]).

Такой анализ рассматривается в данном случае как этап в сопоставительном описании лексики, являясь исходным приемом сопоставления.

Содержание начального этапа сплошного сопоставительного изучения русской и болгарской лексики определяется той базой, на которую можно в настоящее время опереться как на источник материала для анализа. Предварительный семантический анализ в рамках каждого из сравниваемых языков – это большая, трудоемкая и медленная работа (что подтверждает и собственный опыт автора, см. [Червенкова 1974; 1975а]). Поэтому на начальном этапе сопоставительного описания опора на словарные данные представляется практическим решением задачи. Источником материала для сопоставительного анализа для нас в данном случае, следовательно, являются словари, которые с большей или меньше широтой отражают лексическую систему языка.

«Как известно, существующие описания лексики одного языка, приближающиеся к полноте, – это словари. Сопоставительное описание лексики – не исключение: лишь переводные словари являются в настоящее время реальными тотальными (или приближающимися к ним) сопоставлениями лексики двух языков» [Супрун 1988: 26].

При всем их несовершенстве, словари – наиболее надежный и удобный источник. Опора на словари, в свою очередь, предопределяет круг задач сопоставительного описания, которые могут решаться на их базе. Существующие словари не дают достаточно материала для сопоставления слов в их системных связях и в еще меньшей степени – их функционирования в речи[5]. Относительно наиболее полно отражается в словарях семантическая характеристика слов. И потому словари, толковые одноязычные и переводные, могут быть использованы в качестве основной базы при сопоставлении лексических единиц с точки зрения прежде всего их семантики.

Последовательное сопоставление лексических единиц с точки зрения связей каждой из них в системе своего языка и с точки зрения их функционирования в речи – непременное условие полного сопоставительного описания лексических единиц разных языков. Оно, однако, требует опоры уже на иную, не словарную базу и должно стать предметом анализа следующих этапов работы, переход к которым будет подготавливаться по мере накопления необходимого материала.

Таким образом, на первом, начальном этапе предполагается ограничить объект сопоставительного исследования анализом единиц лексических систем только литературного языка, к тому же – на основе словарных данных, устанавливая соответствия лексических единиц на уровне языка.

Применяемый в нашем случае способ анализа можно отнести к области сопоставительно-типологического метода. «Целью такого анализа является сопоставление языков, выявление их особенностей – одного по сравнению с другим. Однако этот сопоставительный анализ проводится на фоне данных типологии, в связи с чем особенности изучаемого языка выступают рельефнее: они устанавливаются не только по отношению к другому языку (родному), но и по отношению к

---

[5] «...Однако словари, естественно, описывают отдельные слова; связи между словами в словарях раскрываются слабо» [Супрун 1988: 26].

общему устройству языка как средства общения. Это позволяет яснее показать различия между общим (тем, что свойственно сопоставляемым языкам) и единичным (тем, что свойственно только данному языку)» [Гак 1977б: 10]. «Задачей сопоставительной типологии является определение соотношения всеобщего, общего и специфического в сравниваемых языках» [Гак 1977б: 9]. Как отмечает В.Г.Гак, в цели сопоставительно-типологического исследования входит: 1) «выявление схождений и расхождений в использовании языковых средств различными языками» (собственно сопоставительный момент); 2) «установление общих закономерностей и фактов, свойственных разным языкам, выявление языковых универсалий и возможностей их реализации в конкретных языках» (собственно типологический момент); 3) «изучение конкретных особенностей обоих языков». Сопоставление позволяет иногда выявить некоторые особенности иностранного и родного языков, ускользающие при его «внутреннем» изучении [Гак 1977б: 10–11].

Сопоставительный анализ русской и болгарской лексики, имеющей целью выявление конкретных форм и меры их сходства и расхождений, относится к области исследования категорий контрастивности, охватывающих содержание и функционирование языковых явлений [Гак 1984]. Тем самым этот анализ имеет отношение к типологии в ее направленности на установление универсальных категорий контрастивности. Таким образом, при изучении русской и болгарской лексики в нашем случае имеются в виду все три указанные цели сопоставительно-типологического исследования, однако упор при этом делается на собственно сопоставительном аспекте.

В задачи сопоставительной лингвистики входит:

1) определение сходств и различий между сопоставляемыми языками;

2) выявление тех признаков сопоставляемых языков, которые остались незамеченными при изучении одного языка;

3) выявление характерных для данных языков тенденций;

4) определение системных соответствий / несоответствий между сопоставляемыми языками (т.е. определение межъязыковых эквивалентов и лакун);

5) определение взаимодействия и взаимообогащения сопоставляемых языков (в случае их постоянного контактирования);

6) установление по мере возможности причин основных сходств и различий;

7) верификация дедуктивных универсалий на материале сопоставления языков ([Юсупов 1988: 6], см. также [Юсупов 1980]).

Результаты сопоставительных исследований в области лексики должны давать необходимый материал для построения лексической типологии, в частности славянских языков [Супрун 1983: 33–34].

В нашем случае имеется в виду такое исследование русской и болгарской лексики, которое может быть отнесено к области сопоставительной лингвистики в узком смысле [Сятковский 1984].

Пользуясь терминологией С.Сятковского [Сятковский 1976; 1984], предлагаемый сопоставительный анализ лексики с точки зрения его направленности можно определить как двуязычный односторонний со сменой направления в анализе, т.е. как унилатеральный сопоставительный анализ. В отличие от билатерального, который рассматривается как относящийся к области сопоставительной лингвистики в широком смысле или к типологической лингвистике в узком смысле – к двуязычной типологии [Сятковский 1984].

Сравнение каждой пары лексических единиц проводится дважды – в направлении от русского языка к болгарскому, а затем от болгарского в сторону русского. Такая двунаправленность сопоставления необходима для выявления различий в плане содержания единиц, которые при однонаправленном анализе могут остаться не замеченными.

Унилатеральный сопоставительный анализ означает выбор одного из языков в качестве отправного. В нашем анализе это русский язык, и исходной лексической единицей в сопоставлении является русская.

Другой путь анализа – от содержания к его лексическому выражению в каждом из двух языков, т.е. двуязычный двусторонний (билатеральный) анализ, при котором ни один из языков не принимается за исходный, оба равноправны в процедуре сравнения, видимо, был бы наиболее экономным для целей семантического сопоставления, но он предполагает наличие специального «содержательного» словаря, «словаря смыслов», отражающего план содержания обоих языков, который выполнял бы роль отправного пункта в сопоставлении. По причине отсутствия в настоящее время такого словаря такой путь – что касается сплошного лексического сопоставления – представляется пока нереальным.

Направленность анализа, когда за исходный принимается русский язык, в нашем случае (сопоставительный анализ – на основе словарных данных) означает опору на словник словаря современного русского литературного языка. Принцип поэтапности работы здесь проявляется в том, что для начала список исходных русских лексических единиц, определявший объем сопоставляемого материала, ограничивается словарями с небольшим словником. В дальнейшем этот список можно расширять на основе других, более полных словарей. Такое ограничение материала соответствует идее центра и периферии в лексической системе, что, применительно к целям сопоставительной лингвистики, позволяет сосредоточить внимание в первую очередь на сопоставлении центральных явлений, на описании прежде всего лексического ядра. Это отвечает, в частности, и задачам лингводидактического характера (см. [Гудавичюс 1985]).

Поэтапный характер описания русской и болгарской лексики выражается кроме того и в том, что вначале анализируются только знаменательные лексические единицы. При этом на первом его этапе материал включает имена существительные, прилагательные, глаголы и (частично) наречия.

Итак, объектом нашего попарного сопоставительного анализа являются лексические единицы. Это слова (как лексемы – в понимании В.В.Виноградова) и сочетания (составные наименования, см. [Шмелев 1982]) – как факты нерасчлененной (однословной) и расчлененной номинации. Очевидно, при этом возможны четыре варианта сопоставления лексических единиц с точки зрения типа номинации, в них реализованных, и направления анализа:

1. слово – слово: Р – Б (р. *гроза* – б. *буря*);
2. слово – составное наименование: Р – ББ (р. *опечатка* – б. *печатна грешка*);
3. составное наименование – слово: РР – Б (р. *книжный магазин* – б. *книжарница*)
4. составное наименование – составное наименование; РР – ББ (р. *дом отдыха* – б. *почивна станция*).

Принцип поэтапности сопоставительного описания в данном случае проявляется в том, что сначала для анализа отбираются только факты нерасчлененной номинации в русском языке, слова, и, следовательно, объект анализа лексики на первом его этапе ограничивается первыми двумя из указанных вариантов. На этом этапе составленные наименования попадают в сферу нашего внимания постольку, поскольку выступают в роли соответствия однословных наименований в одном из сопоставляемых языков, не становясь при этом самостоятельным объектом попарного сопоставительного анализа.

Такое ограничение исходного материала согласуется с характером словарей, используемых в качестве источника, в которых заглавными в словарных статьях являются слова. Сравнение русской и болгарской лексики с точки зрения фактов расчлененной номинации – это особая задача в рамках целостного сопоставительного описания, требующая специального исследования. Оно должно войти в содержание следующего этапа попарного сопоставления русской и болгарской лексики.

В сопоставительном анализе лексической единицы исходим из ее двустороннего характера, наличия в ней формы и содержания, и их асимметричности. И вследствие этого лексические единицы сравниваются как с точки зрения плана выражения, так и с точки зрения плана содержания (ср. [Супрун 1975; 1983; 1988], [Затовканюк 1978а; 1978б]).

На этом основании в сопоставительном анализе лексики выделяются два аспекта. Условно называем их формальным (Ф-анализ) и содержательным (С-анализ). Сопоставительный анализ русской и болгарской лексики начинается именно сравнением Р и Б со стороны их формы и содержания.

В выделении этих двух аспектов в анализе каждой пары лексических единиц в данном случае находит отражение принцип интегрального описании языка (см. [Апресян 1986а]) и комплексный характер сопоставительного изучения лексики «из-за сложности объекта» [Супрун 1988: 31].

Необходимость проведения сопоставительного анализа лексических единиц в обоих указанных аспектах «усугубляется» спецификой сравниваемых близкородственных языков (см. [Червенкова 1983а]).

Исключительная близость русской и болгарской лексики проявляется в наличии сходства не только в содержательной, но и в формальной («внешней») стороне их единиц. Сопоставление не только «содержания», но и «формы» имеет преимущественное значение для языков родственных и в особенности близкородственных. В отличие от языков неродственных, где формальное (звуковое) сходство в силу родства слов или случайного звукового сближения, видимо, относительно редкое явление, для русского и болгарского языков формальное сходство характерно, оно охватывает большую часть лексики. Немалую часть этой лексики составляют этимологически тождественные слова – этимологические корреляты [Будагов 1963], слова-аналоги [Вилюман, Соболева 1978], сохраняющие (имеющие) в большой мере сходство в плане выражения. Оправданным поэтому оказывается анализ русской и болгарской лексики с точки зрения их «звуковой формы» с выделением типов формальных отношений между ними, определением сходства и различия в этом аспекте. При этом для русской и болгарской лексики актуальны выделение и детализация именно формальных различий – на фоне сходства, отражающего близость языков (см. [Сятковский 1976: 4]).

Отметим, далее, что сходство в данном случае касается не только звуковой, но и письменной формы слов. Сходство в написании русских и болгарских слов отражает их сходство в звуковом составе, общность графики и основных орфографических принципов. В этом также проявляется особая близость между русским и болгарским языками (в их письменной форме), что должно быть принято во внимание при сопоставительном изучении их лексики с точки зрения плана выражения.

Особое место в сопоставительном анализе лексики – в Ф-анализе и в С-анализе – занимает выявление регулярных и нерегулярных отношений (см. [Червенкова 1983а: 204–205]). Отношения, которые устанавливаются между русскими и болгарскими лексическими единицами как объектом сопоставления, определяются на основе описанных в логике возможных отношений между понятиями – отношение совместимости, когда понятия совпадают полностью или частично, и в связи с этим различаются отношения тождества (А≡Б), включения (А⊂Б или Б⊂А) или пересечения (А∩Б), и отношения несовместимости, при которых понятия не совпадут ни полностью, ни частично. Применение этих отношений к языковым знакам (см. [Мельчук 1968]) позволяет сравнивать лексические единицы с точки зрения их значения и формы выражения. В результате в одном случае устанавливается общая часть (в плане означаемого или означающего) между сравниваемыми лексическими единицами или отсутствие такой общей части – в другом случае. Таким образом, выделяются четыре оценки соответствия сравниваемых лексических единиц, которые обозначаем терминами тождество, включение, пересечение и непересечение. Последний из них требует пояснения. Непересечение включает только случаи отсутствия общей части в лексических единицах, сравниваемых по определенному параметру (формальному или содержательному), и, следовательно, он противопоставляется остальным трем типам отношений (а не только пересечению). Несмотря на возможную двузначность (непересечение в противоположность тождеству, включению, пересечению, и, с другой стороны, непересечение в противоположность пересечению; если пересечение – особый случай наличия общей части, то тогда под непересечение можно также подвести тождество и включение), пользуемся им как условным обозначением с определенным, оговоренным выше содержанием.

Сопоставлять слова с точки зрения их формы выражения в принципе можно, сравнивая каждое слово одного языка с каждым (любым) словом другого. Сопоставление такого рода, однако, вряд ли оправдано, если исходить из практических задач сопоставления русской и болгарской лексики. В случаях формального непересечения русских и болгарских лексических единиц при условии их содержательного непересечения нет основания для сопоставления (например: р. *яблоко* – б. *пръст*). Случаи содержательного непересечения при условии формального пересечения (например: р. *корпеть* – б. *кърпя*) в объект сопоставления входят.

Опора на логическую схему типов отношений должна способствовать большей строгости в оценке характера и меры близости сравниваемых языков. Понятие «близкой лексики» (как термин) представляется в этом случае излишним (ср. о целесообразности этого термина с методической точки зрения [Тончева 1979]).

Итак, в «сферу интересов» сопоставительного анализа попадают лексические единицы – Р и Б, между которыми наблюдаются: 1) отношения содержательного тождества ($\equiv$), пересечения ($\cap$) или включения ($\subset$) при любом типе формального соответствия и 2) отношения формального тождества, пересечения или включения при отсутствии содержательного сходства (непересечения) в сравниваемых единицах.

Сопоставительный анализ лексических единиц ведет к установлению отношения соответствия между ними и имеет целью выявить их эквивалентность (см., например, [Гладров 1983; 1985]). Понятие эквивалента – одно из основных в сопоставительной лингвистике.

Эквивалентность предполагает равнозначность или соответствие; эквиваленты могут заменять или служить выражением друг друга. В лингвистике под термином «эквивалент» принято понимать выражение функциональной равнозначности. «Эквивалент – единица речи, совпадающая по функции с другой; способная выполнять ту же функцию, что другая единица речи» [Ахманова 1966]. «Эквивалентность – такое отношение между лингвистическими сущностями, когда они обладают какими-то общими свойствами, позволяющими им выполнять одинаковую функцию» [Арнольд 1976: 12]. При сопоставлении языков речь может идти об отношениях межъязыковой эквивалентности. Далее под эквивалентностью будем иметь в виду именно межъязыковую эквивалентность как определенные отношения, обнаруживаемые в процессе унилатерального сопоставления [Сятковский 1984: 54]. В зависимости от целей и сферы сопоставления понятие эквивалентности уточняется.

Выделяются разные типы эквивалентности – системная, функциональная, узуальная, ситуационная (см. [Сопоставительное изучение 1983: 6]. В.Барнет строит классификацию эквивалентов в соответствии с направлениями лингвистических дисциплин, основанных на сравнении: сравнительно-исторической лингвистики, ареальной лингвистики, лингвистики перевода, сравнительно-сопоставительной (конфронтативной) лингвистики. В области сравнительно-сопоставительной лингвистики при системно-функциональном подходе и цели анализа входит установление системно-функциональной, узуальной и ситуативной эквивалентности [Барнет 1983: 20]. Автор уточняет понятие функциональной эквивалентности, предлагая выделять экстерную и интерную функциональные эквивалентности, которые различаются тем, что первая представляет эквивалентность общепринятых способов выражения (в том числе разноуровневых и разноструктурных) определенного содержания в сопоставляемых языках, имеющих характер устойчивых коррелятов, тогда как вторая устанавливается с точки зрения собственно лингвистической, с учетом способа образования структуры сопоставляемых явлений.

Если придерживаться взгляда, что любое содержание может быть выражено в данном языке, следует принять, что при переводе (и сопоставлении) эквивалентность всегда может быть достигнута – вследствие принципиальной возможности эквивалентности языковых единиц разных уровней. В частности, эквивалентность лексической единицы данного языка в сопоставляемом языке может быть установлена на разных уровнях. Основным при лексическом сопоставлении все же остается лексический уровень: лексической единице одного языка соответствует лексическая единица (или лексические единицы) другого языка. Частный, но вместе с тем распространенный случай такого соответствия – слову одного языка соответствует слово (словá) в другом. С точки зрения степени эквивалентности слово – высокоэквивалентная единица языка [Попова 1980: 6].

Исходя из задач изучения лексики, основанного на сопоставлении лексических единиц как элементов разных языковых систем и ограниченного словарями в качестве базы, сопоставительный анализ в данном случае касается прежде всего установления эквивалентности единиц лексических систем (системной эквивалентности) и представляет собой сравнение единиц одного уровня (лексического). Основу системной эквивалентности составляет семантическая эквивалентность. На начальном этапе работы функциональная эквивалентность учитывается ограниченно, в той мере, в какой это позволяет материал. Установление узуальной и ситуативной эквивалентности является задачей последующих этапов работы (ср. [Петков 1984]).

В сопоставительном описании лексических единиц, включающем два аспекта – содержательный и формальный, понятие эквивалентности «расщепляется»; оно может быть отнесено к каждому из этих аспектов. Сопоставление с учетом не только содержания, но и формы выражения определенного содержания в лексических единицах позволяет выявить отношения и формальной эквивалентности.

В отношении таких лексически близких родственных языков, как русский и болгарский, представляется возможным говорить и о формальной эквивалентности лексических единиц, не считая в таком случае обязательным признаком эквивалентности функциональную равнозначность единиц[6].

Анализ лексики с точки зрения отношения формальной эквивалентности единиц разных языков составляет важную, существенную часть сопоставительного описания этих языков. В этом отражается специфика близости русской и болгарской лексики, содержащей большое количество формально сходных, «похожих» слов, вплоть до аналогов, понимаемых

---

[6] Ср. «Звуковые образы языковых единиц разных языковых систем представляют собой неэквивалентные единицы» [Попова 1980: 6].

как «однокорневые слова разных языков, возникающие либо в результате развития из одного источника; либо в результате заимствования», что «допускает отсутствие признака совпадения значений» [Вилюман, Соболева 1978: 76] Аналоги тем самым определяются на основе формальной эквивалентности лексических единиц разных языков. Понятие формального эквивалента, однако, шире понятия аналога, т.к. оно не ограничено однокорневыми словами, оно включает и фонетическое сходство слов неоднокорневых.

В плане системной эквивалентности лексических единиц двух языков, устанавливаемой на лексическом уровне в процессе сопоставительного анализа следует различать эквивалентность лексическую и семантическую.

Если оценивать соответствие лексических единиц с точки зрения их места в лексической системе данного языка, учитывая все их парадигматические и синтагматические связи в ней, т.е. анализируя двуязычную ситуацию как суперструктуру, «объединяющую» структуры (частные) этих языков [Пиотровский, Чижевский 1971], то устанавливаемую при этом эквивалентность можно определить как **лексическую** в смысле эквивалентности единиц лексических систем сопоставляемых языков. **Семантическая** эквивалентность лексических единиц ограничена рамками их семантики и не касается характеристики с точки зрения системных связей каждой из них в соответствующем языке. Лексические единицы, представляющие собой лексические эквиваленты, должны быть вместе с тем и семантическими эквивалентами; обратное неверно.

Между эквивалентностью формальной, с одной стороны, и семантической и лексической, с другой стороны, нет прямой зависимости. Лексическая эквивалентность слов не означает и их формальной эквивалентности, и наоборот, формальная эквивалентность лексических единиц не означает и их семантической эквивалентности, и наоборот. Ср., например, р. *гроб* – б. *гроб*; р. *кот* – б. *кът*. Однако для русского и болгарского языков характерно наличие связи между формальной эквивалентностью, т.е. наличие семантических эквивалентных аналогов (ср., например: р. *вода* – б. *вода*; р. *гром* – б. *гръм*).

В сопоставительном описании русского и болгарского языков вопрос о соотношении формальной и семантической эквивалентности лексических единиц занимает особое место. Необходимо специальное изучение русской и болгарской лексики с целью исследования формальных эквивалентов Р и Б.

На начальном этапе сопоставительного описания русской и болгарской лексики в задачи его содержательного аспекта не входит анализ Р и Б с точки зрения собственно лексической эквивалентности. На этом этапе материал исследуется с точки зрения семантической эквивалентности лексических единиц.

Следует иметь в виду при этом, что семантическая эквивалентность лексических единиц допускает градацию, она может быть полной или неполной (об этом подробнее см. 2.3.13, с. 104–124).

Изучение лексических единиц в плане их семантической эквивалентности в лексике другого языка приводит к их дифференциации по этому признаку.

Известно, что в сопоставительном плане лексика не однородна по признаку наличия / отсутствия у лексических единиц данного языка соответствия в лексике другого, сопоставляемого, языка. Случаи отсутствия соответствия формируют так называемую безэквивалентную лексику, противопоставленную лексике, имеющей соответствия в другом языке, т.е. эквивалентной лексике.

Безэквивалентность в области языковых противопоставлений имеет следствием лакуну в системе одного из сравниваемых языков.

Понятие лакуны применяется при анализе ситуации одного языка (см., например: [Леонова 1984], [Колобаев 1982]) и при сравнении явлений двух разных языков (см., например: [Муравьев 1971; 1975], [Nowakowski 1980]).

В ситуации двух языков различают лакуны абсолютные и относительные. Абсолютные лакуны – «вид лакун, связанный с отсутствием у носителей данного языка возможности выразить отдельным словом или устойчивым сочетанием понятие, лексически зафиксированное в другом языке» [Леонова 1984: 40] (см. также [Влахов 1978]). Лакуной называют и саму лексическую единицу, которая в другом (сопоставляемом) языке не получает лексического соответствия.

Выделение безэквивалентной лексики определяется двумя условиями. Оно связано с сопоставлением языков, во-первых, и основывается на сопоставлении данного языка с другим конкретным языком, во-вторых. Безэквивалентная лексика данного языка выявляется в нем, таким образом, только в результате сравнения с лексикой какого-то другого языка, т.е. она устанавливается относительно лексики определенного языка. Сопоставление лексики того же языка с лексикой какого-нибудь другого языка может по-новому очертить круг безэквивалентной лексики данного, исходного, языка. В этом смысле понятие безэквивалентной лексики относительно как принадлежащее области изучения межъязыковых соответствий.

Например, р. *ровесник* не имеет эквивалента в лексике английского языка (≈ *person of the same age*), тогда как в болгарской лексике эквивалент есть (*връстник*), и, следовательно, это русское слово является лакуной (безэквивалентным) в данном случае относительно только английской лексики, в отличие, например, от р. *однолюб* – лакуны и по отношению к болгарской лексике (ср. *мъж, обичащ / обичал само веднъж в живота си*, согласно словарю [РБР]). Подобного рода примеры приводит А.Гудавичюс, отмечая, что у таких слов, как *выкормыш*, *подранок*, *плес*, *урочище*, *корчевать* в литовском языке «совсем нет близких эквивалентов» [Гудавичюс 1985: 59].

К отсутствию эквивалентности в лексике ведут разные причины, в частности семантического и структурно-морфологического характера.

Прежде всего в экстралингвистической действительности носителей языка может отсутствовать соответствующий референт лексической единицы другого языка, вследствие чего в первом отсутствует соответствующая лексическая единица. Сюда относятся выделяемые в переводоведении реалии (см. [Влахов, Флорин 1980]). Явление реальной действительности получило в языке одной культуры номинацию в виде лексической единицы, а в другом – нет, и в этом случае имеет место абсолютная лакуна, порожденная географическими, климатическими или иными условиями жизни народа или особенностями культуры, быта, политического устройства. К этой части безэквивалентной лексики относят и собственные имена, и иноязычные вкрапления [Влахов 1978].

С другой стороны, в экстралингвистической действительности носителей одного языка соответствующий референт лексической единицы другого языка может существовать, но вместе с тем не получить в нем лексического выражения. Это может быть следствием причин лингвистического характера – несовпадением в языковом членении мира, в области номинации, характерной для данных языков. С этим связаны так называемые случайные лексические лакуны (см. [Муравьев 1975], [Бархударов 1980]). К ним относят, например, русские слова *крыльцо, прорубь, простенок, обрыв, закладка, подглядывать, подсматривать* (относительно болгарского языка; сюда же следует отнести и приведенное выше слово *однолюб*); именно такого рода лексические единицы С. Влахов считает принадлежностью собственно безэквивалентной лексики (БЭЛ) в отличие, например, от реалий [Влахов 1978]. Причины появления лакун и, следовательно, безэквивалентной лексики могут касаться области деривации слов (см. [Червенкова 1987б]). Так, возможно соотношение, когда в лексике одного языка есть лексическая единица (с производной основой), однако она не имеет эквивалента в лексике другого языка. Здесь можно отметить два случая.

1. В языке есть лексическая единица, от которой образуется производная лексическая единица; в другом (сопоставляемом) языке для первой лексической единицы исходного языка нет эквивалентной – в определенном значении – лексической единицы, и, как следствие этого, нет и лексической единицы производной, которая была бы эквивалентна по отношению к производной лексической единице исходного языка. Так можно объяснить, например, отсутствие в русской лексике эквивалента у такого болгарского прилагательного, как *махаленски (махленски)*. В русской лексике нет эквивалента к б.

махала (*махла*), и безэквивалентность соответствующего прилагательного, так сказать, отраженная.

2. Лексическая единица имеет в лексике другого языка эквивалентную ей лексическую единицу. У лексической единицы исходного языка есть и производная лексическая единица, тогда как лексическая единица второго языка не образует соответствующей производной, и в результате производная лексическая единица исходного языка оказывается без эквивалента в лексике второго языка. Например: б. *магазинерски* (б. *магазинер* – р. *кладовщик*), *маркаджийски* (б. *маркаджия* – р. *марочник*), *месарски* (б. *месар* – р. *мясник*), *мечтателски* (б. *мечтател* – р. *мечтатель*), *мижав* (б. *мижа* – р. *зажмуриться*). Отсутствие соответствующих русских прилагательных здесь можно объяснить структурно-морфологическими причинами.

В противоположность абсолютным, относительные лакуны обычно понимаются как слова, которым в сопоставляемом языке соответствуют тоже лексические единицы, однако данные лексические единицы отличаются от исходных своей употребительностью и частотностью или своей коннотацией (см. [Муравьев 1971]). Последний случай Л.Леонова выделяет в отдельный тип («стилистические лакуны»), отграничивая его от относительных лакун. Для этого действительно есть основание. В одном случае относительность касается функционирования лексических единиц, в другом – ее содержательной структуры. В сопоставительном анализе это следует различать. В содержательном аспекте сопоставительного описания лексики должны быть учтены лакуны именно второго типа, выявление которых связано с анализом коннотаций в лексической единице и что составляет определенный этап в попарном сопоставительном анализе лексики.

Изучение безэквивалентной лексики с целью поиска адекватного выражения в другом языке имеет свою специфику и представляет отдельную область сопоставительного описания лексики. Это особая тема, требующая специального внимания (см., например, [Влахов, Флорин 1970; 1978; 1980], [Влахов 1978], [Денисова 1978], [Муравьев 1971; 1975], [Норман 1987]).

Начальный этап сопоставительного исследования русской и болгарской лексики ограничен исследованием только эквивалентной – по отношению к болгарской – русской лексики. При сопоставительном описании современной литературной русской и болгарской лексики, осуществляемом на базе словарей, целесообразно сосредоточить внимание прежде всего на эквивалентной лексике, составляющей основную часть материала сопоставления. С анализом именно этой лексики связано уточнение общей картины лексических сходств и различий русского и болгарского языков. В дальнейшем изложении имеется в виду только эквивалентная лексика.

Сопоставительное описание эквивалентной лексики в нашем случае строится на основе сопоставительного анализа лексической единицы одного языка с лексической единицей другого (сопоставляемого) языка. Такие лексические единицы составляют межъязыковую лексическую пару (ЛП). Понятие лексической пары выражает существенную особенность сопоставительного анализа эквивалентной лексики. ЛП – минимальное соответствие в сфере эквивалентной лексики. Сопоставление в пределах ЛП лежит в основе всего сопоставительного описания русской и болгарской лексики и принимается за исходный момент сопоставления, который и осуществляется на первом, начальном его этапе. Непосредственным объектом попарного сопоставительного анализа лексики русского и болгарского языков является русско-болгарская лексическая пара.

В силу того, что сопоставительному анализу подвергаются семантически эквивалентные Р и Б (двуязычные словари содержат именно такой материал), семантическая эквивалентность оказывается обязательным признаком лексической пары как объекта сопоставительного анализа. Такие ЛП, члены которых находятся в отношении формального тождества, включения или пересечения при отсутствии семантической общности типа р. *корпеть* – б. *кърпя*, р. *кот* – б. *кът*, на данном этапе не рассматриваются.

Таким образом, исходя из всего сказанного относительно объекта сопоставительного анализа современной русской и болгарской лексики на его начальном этапе можно определить в качестве единицы объекта анализа лексики **лексическую пару**, представляющую собой пару семантически эквивалентных лексических единиц – Р и Б.

Понятие лексической пары обнаруживает некоторое сходство с понятием диалексы, используемым в области изучения двуязычия и обозначающим единицы (слова), «которые в условиях контакта постоянно отождествляются и регулярно соотносятся» [Жлуктенко 1974: 129]. Различаются диалексы синонимические (имеющие аналогичное значение, но различное звуковое выражение, например: англ. *family* и р. *семья*) и омологические (совпадающие и по звуковому выражению, и по значению, например: польск. *ambulans* и англ. *ambulance*, означающие «скорая медицинская помощь»). Ю.Жлуктенко выделяет также омофонические диалексы (полностью или частично совпадающие по звуковому составу, но расходящиеся в значении, например: англ. *convention* 'конференция' и р. *конвенция* 'соглашение, договор'), которым в нашем случае соответствуют пары Р и Б, которые в объект анализа пока не попадают. Представляется, что последовательный учет соответствия членов каждой ЛП с точки зрения Ф-анализа и С-анализа дает более детализованную и точную классификацию диалекс, соотносительных с нашими ЛП.

Сопоставление русской лексики с болгарской в формальном и в содержательном плане предполагает обнаружение в болгарской лексике формального и содержательного соответствия данной русской лексической единице. В содержательном плане это означает поиск лексического выражения в болгарском языке смысла, извлеченного из исходной Р. Сопоставительный анализ в этой его части получает теоретическое объяснение в лингвистической модели «Смысл↔Текст» (см. [Мельчук 1974]). Сопоставительный анализ представляет путь Т1 → С → Т2: от Р к ее смыслу и от этого смысла к его выражению в Б.

Двуязычные словари, в общем, отражают результаты такого поиска, они дают переводные значения лексической единицы одного языка в другом. Это позволяет при сопоставлении русской лексики с болгарской на базе словарей использовать их данные в качестве исходных и непосредственно приступить к анализу «готовой» ЛП. Таким образом, благодаря характеру исходной базы для анализа, сопоставление можно начать непосредственно с анализа лексических пар, представленных в двуязычных словарях, без процедуры поиска соответствия данной лексической единицы в лексике сопоставляемого языка. Однако, взятая готовая ЛП в процессе семантического анализа проверяется, и данные словарей при этом могут измениться. Семантический анализ лексических единиц может привести к введению новой, не представленной в словаре, лексической единицы (см. об этом подробнее 2.3.11, с. 98–102).

Итак, на данном, начальном, этапе сопоставительного исследования каждая русско-болгарская ЛП становится объектом анализа в двух его аспектах: формальном (Ф-анализ) и содержательном (С-анализ). На основе результатов такого анализа выводятся типы формального и содержательного соответствия Р и Б, строится типология Р – Б лексических пар с учетом обоих аспектов анализа и дается количественная характеристика распределения лексических пар по этим типам.

Остановимся на методике формального аспекта сопоставления лексических пар.

2.2. Формальный аспект сопоставительного анализа лексических пар (Ф-анализ)

Под **формальным** сопоставлением в данном случае понимается сравнение Р и Б по определенным показателям, весьма разнородным, которые только условно могут быть объединены названием формального аспекта – в противоположность содержательному. Условность этого обозначения сказывается, в частности, уже в том, что в формальный аспект попадает и так называемая грамматическая семантика (см. [Червенкова 1982а: 137–145], [СОРБЛ 1984: 7–13], [Ковачева 1987]).

2.2.1. Принимаются во внимание следующие показатели (параметры):
2.2.1.1. Тип номинации, представленный данной лексической единицей.
Выделяются три типа номинации:
 (a) лексическая однословная (нерасчлененная), выраженная лексемой, например: р. *пояс* – б. *колан*;
 (b) лексическая расчлененная, выраженная сочетанием (составным наименованием), например: р. *почтовый ящик* – б. *пощенска кутия*;
 (c) номинация на синтаксическом уровне – описательная, например: выражение смысла 'малопонятный' как *труден (мъчен) за разбиране*.

Наш анализ ограничивается фактами лексической номинации, т.е. только случаями (a) и (b). При этом случай (c) может появиться только в болгарской части соответствия. В Ф-анализе ЛП как единица его объекта представляет в своей русской и болгарской частях случаи (a): русское слово – болгарское слово (Р – Б) или (a) + (b): русское слово – составное наименование в болгарском языке (Р – ББ), например: р. *зубочистка* – б. *клечка за зъби*. Случай (a) + (c), например: р. *малопонятный* – б. *труден за разбиране*, не образует ЛП и потому исключается.

2.2.1.2. Принадлежность к лексико-грамматическому классу и грамматическим категориям, представленным в обоих языках.

В каждой части речи при сравнении берутся те грамматические категории, которые характеризуют слова данного класса в обоих языках. Объекты сопоставления с точки зрения данного признака – лексемы как единицы определенного класса слов, т.е. этот параметр распространяется только на случай (а), выделяемый по первому параметру. Единицей сопоставления является грамматическая категория. Лексические единицы сопоставляются 1) с точки зрения наличия / отсутствия у них определенных категорий и 2) с точки зрения сходства / различия способа (средства) их выражения.

Имена существительные сравниваются по категории рода и числа; имена прилагательные – по наличию у русского прилагательного краткой формы, соотносимой («внешне» сходной) с формой болгарского прилагательного, и по возможности / невозможности образовать простую форму степени сравнения; глаголы – по признаку возвратности / невозвратности, по типу спряжения и по типу управления (предложное / беспредложное). Наречия – по возможности / невозможности образовать простую степень сравнения.

2.2.1.3. Морфемный состав.

Объекты сопоставления – основы Р и Б в их исходных (словарных) формах. В глаголах, однако, берутся для сопоставления основы настоящего (будущего) времени в формах 3 лица мн. числа по причине несопоставимости их словарных форм – инфинитива для русского глагола и формы 1 лица ед. числа настоящего (будущего) времени для болгарского глагола.

Единицей сопоставления в данном случае является морф. Сравниваются корневые аффиксальные (суффиксальные, префиксальные, интерфиксальные, постфиксальные) морфы данных Р и Б.

В связи с данным параметром сопоставления необходимы некоторые пояснения. Р и Б в плане морфологического соответствия можно рассматривать, сравнивая их морфемный состав и морфемную структуру. В первом случае принимается во внимание наличие / отсутствие сходства морфем с точки зрения плана выражения, тогда как во втором случае этот признак нерелевантен. Например, в ЛП р. *охотник* (*охот-ник*) – б. *ловец* (*лов-ец*) представлено тождество морфемных структур этих Р и Б при отсутствии тождества в их морфемном составе (непересечение их корневых и суффиксальных морфем с точки зрения плана выражения). Ф-анализ на данном этапе включает сравнение Р и Б только по их морфемному составу.

2.2.1.4. Акцентологическая характеристика.

Объекты сопоставления – Р и Б в их исходных формах. Единица сопоставления – ударение. Сопоставляемые формы сравниваются по месту ударения. При оценке соответствия принимается во внимание количество слогов, место ударного слога, а также качество морфа, с которым связан ударный слог. Акцентологически тождественными признаются Р и Б, если они 1) содержат одинаковое число слогов и ударение в них падает на один и тот же по порядку слог, если 2) содержат неодинаковое число слогов, но ударным в обоих случаях является начальный или конечный слог или если они 3) содержат неодинаковое число слогов, но ударным является гласный в качественно одинаковом морфе (в обеих лексических единицах – в корне или суффиксе, или префиксе, или флексии).

2.2.1.5. Фонемный (отчасти фонетический) состав.

Здесь следует иметь в виду, что среди различий в звуковой форме слов выделяются такие, которые являются следствием морфологического различия (например, различия в морфологическом оформлении слов и основ типа р. *синий* – б. *син*, р. *очки* – б. *очила*, р. *стол* – б. *маса*) и независимые, собственно фонетические (р. *конь* – б. *кон*, р. *звон* – б. *звън*, р. *голос* – б. *глас*, р. *знан<иj>е* – б. *знан<и>е*). Анализируя соответствия русских и болгарских лексических единиц с точки зрения их звуковой формы, следует разграничивать морфологически обусловленные и собственно фонетические различия.

Сопоставление Р и Б по фонемному составу проводится с целью обнаружения различий, которые не являются простым следствием (отражением) различия в их морфемном составе, т.е. имеются в виду только случаи типа р. *конь* – б. *кон* и т.д.

Единица сопоставления – фонема. Нефонематические различия, как правило, не учитываются. Не принимаются во внимание (и, следовательно, не считаются нарушающими отношения тождества) регулярное для современного русского и болгарского языков различие в степени редукции гласных и в степени мягкости согласных в Р и Б (например, р. *совет* – б. *съвет*, р. *летний* – б. *летен*), а также фонетические различия между русским и болгарским <ж> и русским и болгарским <ш> (например, р. *жаба* – б. жаба, р. *шапка* – б. шапка). Однако нефонематическое для русского языка различие [ы] – в нашем случае во внимание принимается. Отступление от фонематического принципа здесь продиктовано соображениями лингводидактического характера, требующими учета данного различия как важного с точки зрения целей обучения русскому языку носителей болгарского языка (например, р. *сын* – б. *син*, р. *ж[ы]то* – б. *ж[и]то*).

2.2.1.6. Написание.

Объекты сопоставления – Р и Б в их исходных формах. Единицы сопоставления – графема и орфограмма. Сопоставление по написанию направлено на обнаружение различий, которые не являются следствием различий в морфемном и фонемном составе Р и Б (как, например, в р. *стол* – б. *маса* и р. *голос* – б. *глас*) и отражают расхождения собственно в графике и орфографии (например: р. *штаб* – б. *щаб*, р. *цемент* – б. *цимент*).

К указанным параметрам Ф-анализа необходима дополнительная характеристика с учетом того, что в объект Ф-анализа попадают и такие ЛП, которые включают составные наименования – в качестве болгарского члена пары (Р – ББ). Второй параметр (см. 2.2.1.2) касается только однословных ЛП (Р – Б). Сопоставление ЛП, включающих расчлененное наименование (Р – ББ), проводится по третьему параметру (см. 2.2.1.3) с целью поиска однокоренных слов в русской и болгарской части ЛП. Только при условии наличия однокоренных слов в такой ЛП их сопоставительный анализ включает и четвертый, пятый и шестой параметры (см. 2.2.1.4; 2.2.1.5; 2.2.1.6), причем сравнивается Р с однокорневым словом –

компонентом в ББ как члене данной ЛП, т.е. сопоставление сводится и здесь к анализу Р – Б.

2.2.2. Сопоставление членов ЛП по каждому из указанных признаков, за исключением двух последних, оценивается с точки зрения логических отношений совместимости / несовместимости (см. с. 30–31) как отношения тождества, пересечения и отсутствия общей части (непересечения). Для упрощения задачи на данном этапе в Ф-анализе не разграничиваются отношения пересечения и включения (как частный случай пересечения), и все случаи наличия общей части у сравниваемых единиц рассматриваются как отношения пересечения.

В связи с отношением пересечения встает вопрос о минимальном сходстве, необходимом для того, чтобы видеть в определенном случае отношение формального пересечения [Червенкова 1982а: 141]. Следствием принятого ограничения в сопоставлении с точки зрения морфологической (см. пункт 2.2.1.3.) является то, что лексические пары типа р. *охотник* – б. *ловец* не выделяются особо и оцениваются в данном случае по морфемному составу как непересечение.

Отметим, что в Ф-анализе лексических единиц выделяются единицы, связанные с отношением тождества основ, которые в содержательном (семантическом) плане характеризуются непересечением и, следовательно, не являются семантически эквивалентными. Их можно определить как собственно (только) формально эквивалентные ЛП, например: р. *банка* (*стеклянная*) – б. *банка* (*държавна*), р. *заплата* (*на одежде*) – б. *заплата* (*месечна*). Такие ЛП, однако, оказываются за пределами объекта анализа, основанного на двуязычных словарях, включающих именно семантически эквивалентные единицы двух языков.

Итак, в результате сопоставления по первым четырем из указанных параметров отношение между членами лексической пары определяется как тождество, пересечение или непересечение. Что касается оценки соответствия Р и Б с точки зрения двух последних показателей (по фонемному составу и по написанию), то учитывается только факт наличия / отсутствия соответствующего различия.

2.2.3. Обнаруживаемые в процессе сопоставления различия между членами лексической пары могут носить регулярный или нерегулярный характер (см. [Червенкова 1982а: 138–143; 1983а: 204–205]). При изучении лексики близкородственных языков важным является понятие регулярных / нерегулярных формальных отношений. В данном случае существуют закономерные формальные различия, причина которых – в характере систем данных языков. В силу своей закономерности такие различия предсказуемы, они «укладываются» в определенные правила. Такие отношения формального различия являются регулярными в отличие от не имеющих регулярного характера формальных различий.

Можно указать два случая отношений регулярного различия, выявляемого в Ф-анализе Р и Б.

1) Различие касается оформления Р и Б как единиц соответствующего класса слов в каждом из языков – при формальном сходстве или различии их основ.

Русские и болгарские слова, не имея сходства в оформлении основ, различаются закономерно в своем грамматическом оформлении – в наличии падежных форм в русских именах при их отсутствии в болгарских, в наличии членных форм в болгарских именах при их отсутствии в русских, в различии русских и болгарских глагольных форм. Ср., например: р. *карандаш*, *скорый*, *делать* и б. *молив*, *бърз*, *правя*. Это различие носит регулярный характер – при отсутствии регулярного характера в соответствии основ этих слов. Действительно, р. *скорый* не дает оснований предполагать в болгарском языке в качестве его соответствия *бърз* (тем более что в болгарском есть слова с корнем *скор-* и, в частности, наречие *скоро*), однако грамматическая характеристика каждого из этих слов может быть в общих чертах «предсказана» в плане их принципиальных различий.

2) Регулярное различие касается лексических пар, члены которых – Р и Б – фонетически сходны вследствие этимологического тождества слов.

Случаи регулярного фонетического различия Р и Б обусловлены особенностями фонетических систем русского и болгарского языков, историей их развития. Так, разная в русском и болгарском языках судьба Ѫ и сочетаний типа *tolt* дала закономерные различия между соответствующими этимологически тождественными словами, например: р. *муж* – б. *мъж*, р. *болото* – б. *блато*. Различием структуры слога в русском и болгарском языках объясняется разница, например, в основах слов р. *мгла* – б. *мъгла*, р. *лжив* – б. *лъжлив*. Наличие в русском языке нефонематического противопоставления [ы] – [и] при отсутствии аналогичного противопоставления в болгарском языке обусловливает регулярное фонетическое различие, когда русскому [ы] соответствует в болгарском языке [и] (р. *базы* – б. *бази*). Эта зависимость в данном случае имеет односторонний, импликативный характер: болгарскому [и] не обязательно соответствует в русском языке [ы] (б. *дим* – р. *дым*, но б. *липа* – р. *липа*).

С точки зрения современного состояния (без обращения к истории), отношения регулярного фонетического различия имеют чаще не абсолютный, а относительный, точнее – выборочный характер. Ср., например: б. *дълг, съд, сърп, восък* – р. *долг, суд, серп, воск*. Различие при этом носит также импликативный характер: б. <ъ> – р. <о>, <у>, <е> или <о>, но не наоборот, ср.: р. *актер* – б. *актьор*, р. *суша* – б. *суша*, р. *век* – б. *век*, р. *риск* – б. *риск* (а не *risъk*).

Регулярные различия в написании Р и Б обусловлены некоторыми расхождениями в графике и особенностями орфографических правил русского и болгарского языков (например: р. *эра* – б. *ера*, р. *штык* – б. *щик*, р. *рассказ* – б. *разказ*). Нерегулярные различия касаются, в частности, написания заимствованных в русском и болгарском языках слов (например: р. *цемент* – б. *цимент*, р. *буфет* – б. *бюфет*).

2.2.4. В процессе сопоставительного анализа лексических пар выводятся типы формального соответствия Р и Б. Типы формального соответствия определяются результатами сопоставления Р и Б по указанным выше параметрам.

Классификация каждой ЛП с точки зрения всех этих параметров оказывается сильно разветвленной и к тому же весьма сложной в комбинации характеристик по отдельным параметрам, определяющих лексические пары.

Однако возможно упрощение классификации за счет ее обобщения (огрубления), делающего ее менее полной и точной, но зато более обозримой и тем удобной в работе на определенном ее этапе.

С этой целью какие-то параметры могут быть приняты за основные или единственно релевантные, а остальные параметры считаться дополнительными или вообще в классификации во внимание не приниматься.

2.2.4.1. Одна из таких упрощенных классификаций строится на основе отношений между членами лексической пары по морфемному составу из основ (см. 2.2.1.3), причем наибольшую значимость имеет степень сходства корневых морфов. Это дает три типа соответствия, которые различаются соотношением корней, и три подтипа, которые отличаются от соответствующих главных типов характеристикой аффиксальной части. Их можно условно обозначить как типы А, В, С и соответствующие подтипы А′, В′, С′ (см. [СОРБЛ 1984: 11–12]).

Тип А характеризуется совпадением (тождеством) корней при отсутствии различия в аффиксальной части основ:

журналист – журналист   *постоянно – постоянно*
инфаркт – инфаркт   *дразнить – дразня*
дамский – дамски   *доплатить – доплатя*

Подтип А′ отличается от основного типа А тем, что при тождестве корней наблюдается различие в других (всех или хотя бы одном) морфах основы:

бегун – бегач   *дописывать – дописвам*
жакетка – жакетче   *маркировать – маркирам*
достижимый – постижим   *издавна – отдавна*

Для типа B характерно непересечение корней. Различия в аффиксах основы отсутствуют:

желвак – буца   догадливый – досетлив
желудок – стомах   меркнуть – гасна
далекий – дълъг   доныне – досега

В подтипе B′ различие (непересечение) корней сопровождается различием в аффиксальной части:

лыжник – скиор   макать – потапям
издержки – разноски   млеть – тръпна
дупло – хралупа   доходить – стигам

Тип C объединяет такие пары, в которых отмечается пересечение корней при отсутствии различий в аффиксальной части:

журавль – жерав   манить – мамя
всегда – всякога   морщить – мръщя
дикий – див   дополнить – допълня

Для типа C′ характерно наличие расхождений и в аффиксах основ:

мера – мярка   душистый – дъхав
изгнание – изгонване   доплачивать – доплащам
фехтовальщик – фехтовач   мужать – възмъжавам

Нетрудно заметить, однако (как это отмечено там же: [СОРБЛ 1984: 13]), что данные типы и подтипы характеризуются неодинаковой степенью однородности лексических пар, включенных каждой из них. Это касается типа B и его подтипа B′. Выделение в подтипы A′, B′, C′ случаев различия в аффиксальной части Р и Б приводит к тому, что, например, пары р. *желвак* – б. *буца* (полное различие в основах) попадает в одну группу с парой р. *догадливый* – б. *досетлив* (сходство в аффиксах), а не с парой р. *лыжник* – б. *скиор* (полное различие основ).

Этого можно избежать, если в один тип (А) включить только случай отношения тождества (т.е. тип А в первой классификации), в другой (В) – только случай отношения непересечения по всем параметрам, принимаемым в расчет в данной классификации (по первой классификации это подтип В′), а в третий (С) – все случаи отношения пересечения Р и Б (в первой классификации это подтип А′, тип В, тип С и подтип С′).

Получается классификация с двумя однородными (чистыми) типами (тип А – тождество, тип В – непересечение) и одним разнородным (смешанным, «пестрым») типом, допускающим сочетание разных видов отношений по учитываемым параметрам, дающих в общем отношение пересечения (тип С). Последний тип оказывается наиболее емким и предполагающим членение на подтипы.

Как кажется, характеристика Р – Б по типу Ф-соответствия в данном случае предпочтительнее, чем в предыдущем (как это дано в [СОРБЛ 1984]), с точки зрения лингвометодических целей, позволил объединить ЛП типа р. *водитель* – б. *водач*, с одной стороны, и типа р. *взгляд* – б. *поглед*, с другой, как имеющие и сходство, и различие (попадают в тип С), что требует особого внимания при обучении; вместе с тем ЛП типа р. *водитель* – б. *водач* отграничиваются от таких, например, ЛП, как р. *музей* – б. *музей*.

2.2.4.2. Поиск классификации, которая учитывала бы, помимо указанных, и другие параметры Ф-анализа и вместе с тем оставалась относительно несложной и обзорной, привел к определению в качестве критериев классификации 1) соотношение основ Р и Б (простая / сложная основа), 2) состав морфов основ, 3) акцентологическую характеристику Р и Б, 4) оценку Р и Б с точки зрения наличия в них расхождений по сопоставимым грамматическим категориям (различия в плане содержания или выражения, носящие нерегулярный характер), 5) фонемному (фонетическому) составу и 6) написанию.

Характеристика каждой ЛП складывается, во-первых, из оценки соответствия Р – Б по трем первым критериям (далее –

показатель I) и, во-вторых, из оценки соответствия по последним трем критериям (далее – показатель II). В первом случае соответствие по каждому из критериев оценивается как тождество, пересечение или непересечение. Во втором случае соответствие оценивается с точки зрения наличия / отсутствия положительной информации по данному критерию. Характеристика по показателю I обязательна для каждой Р – Б, а по показателю II – необязательна, факультативна.

Для обозначения (записи) типов соответствия и в данном случае используем буквенные символы (латинские). Символами **a**, **b**, **c** обозначаем соответственно отношения тождества, непересечения и пересечения по первым трем критериям.

По первому и третьему критерию возможны оценки **a** ($\equiv$) или **b** ($\emptyset$); по второму – все три: **a** ($\equiv$), **b** ($\emptyset$) или **c** ($\cap$). При этом, учитывая особую значимость характера соотношения Р и Б в корне, можно, в свою очередь, дифференцировать случаи отношений тождества, непересечения или пересечения в корне (с помощью цифровых индексов).

Наличие расхождения между Р и Б по грамматическому параметру (четвертый критерий классификации) обозначается символом **d**, по фонемному (фонетическому; пятый критерий) – символом **e** и по написанию (шестой критерий) – символом **f**.

Общая оценка соответствия, учитывающая оба вида показателей, определяется как тождество (А), непересечение (В) или пересечение (С).

Таким образом оформляются три основных типа Ф-соответствий Р – Б с подтипами.

К выделению подтипов ведет, во-первых, наличие в характеристике лексической пары информации по показателю II. Кроме того, свои подтипы дает комбинация разных видов отношений по показателю I. В соответствии с этим оценка каждой ЛП с точки зрения принимаемых во внимание параметров может быть представлена в виде записи – формулы, которая складывается из символа, отражающего общую оценку соответствия и определяющего отнесенность его к одному из основных типов – А, В или С, и, если это тип С, из символов, означающих оценку соответствия по показателю I (с возможной детализацией – цифровым индексом – по второму критерию). В случае наличия информации и по показателю II (грамматическому, фонетическому или графическому критерию) эта запись дополняется соответствующими символами.

В результате выделяются следующие типы, подтипы и варианты Ф-соответствий Р и Б:
- тип А – отношения тождества в Р – Б по всем учитываемым параметрам Ф-соответствий;
- тип В – отношения непересечения по всем учитываемым параметрам Ф-соответствий;
- тип С – отношения пересечения как общая оценка с учетом всех параметров – Ф-соответствий.

Тип С иерархически дробится.

Во-первых, в нем выделяется подтип, который характеризуется наличием информации по показателю II при условии отношений тождества по показателю I. Этот подтип условно обозначим как C_1. Он представляет собой модификацию типа А.

Во-вторых, выделяется подтип, который характеризуется отношением пересечения по показателю I. Обозначим этот подтип как подтип C_2.

В-третьих, выделяется подтип, который характеризуется наличием информации по показателю II при условии отношений пересечения по показателю I. Обозначим его как подтип C_3. Данный подтип является модификацией подтипа C_2. отличаясь от него наличием информации по показателю II.

В подтипе C_1, учитывая возможные виды информации по показателю II (соответствующие параметры и их возможную комбинацию) для отдельных ЛП, выделяем варианты. В данном случае их может быть семь: с дополнительной информацией (по показателю II): 1) d, 2) e, 3) f, 4) d+e, 5) d+f, 6) e+f, 7) d+e+f.

Выделяемые в подтипе C_1 варианты можно представить в записи с помощью символов, первый из которых означает общую оценку Ф-соответствия (С), следующие три – оценку по трем критериям показателя I, за которыми – после знака «тире» – приводятся символы оценки но показателю II:

1. С ааа – d
2. С ааа – e
3. С ааа – f
4. С ааа – de
5. С ааа – df
6. С ааа – ef
7. С ааа – def

В подтипе C_2, учитывая возможные комбинации оценок соответствий, дающих в целом отношения пересечения по показателю I, можно выделить восемь вариантов:

1. С aab
2. С aba
3. С abb
4. С aca
5. С acb
6. С bba
7. С bca
8. С bcb

В подтипе C_3, с учетом, с одной стороны, возможных комбинаций по показателю I (как в подтипе C_2) и, с другой стороны, возможных видов информации по показателю II для каждой такой комбинации, получаем 56 вариантов. Их можно представить в символической записи, которая является модификацией записи вариантов подтипа C_2, включающей кроме того и информацию по показателю II, как подтип C_1.

Таким образом, учитывая все три подтипа, получаем 71 вариант в типе С. В целом, вместе с типами А и В, это дает 73 варианта (случая) Ф-соответствий в Р – Б лексических парах.

Очевидно, возможно как дальнейшее дробление (бóльшая детализация) классификации – с учетом характеристики по всем параметрам Ф-анализа, частеречной принадлежности членов лексических пар, – так и ее обобщение, укрупнение – за счет объединения вариантов с одинаковой оценкой Р – Б, например, по второму критерию классификации (морфемный состав Р и Б) и сведения их к трем (с отношением тождества, непересечения и/или пересечения в Р и Б по данному критерию) или за счет обобщения (недифференциации) информации по показателю II независимо от конкретного содержания этой информации.

2.2.4.3. Исходя из того, что при наличии отношения пересечения в основах Р и Б характер соответствия корневых морфов играет первостепенную роль в определении близости Р и Б (в общем случае), в подтипах C_2 и C_3 можно выделять варианты с учетом характера соответствия в корнях Р и Б (тождество, пересечение, непересечение) при оценке соответствия основ данных Р и Б в целом как пересечение. Обозначим случай тождества, пересечения и непересечения корневых морфов соответственно индексами 1, 2, 3 при символе с, несущем информацию о соотношении основ Р и Б: С ac_1a, С ac_2a, С ac_3a, С ac_1b и т.д.

Такое расщепление значительно увеличит количество вариантов, усложняя классификацию. Это, в свою очередь, можно компенсировать, не конкретизируя информацию по показателю II, учитывая в классификации только сам факт наличия такой дополнительной информации.

В таком случае классификация Р-Б по результатам Ф-анализа строится иерархически так, что принимается во внимание 1) оценка по показателям I и II (типы А, В и С), 2) по показателю I с учетом наличия или отсутствия информации по показателю II (подтипы , C_1, C_2, C_3), 3) по отдельным критериям оценок в рамках показателя I: а) по соотношению основ: простая – сложная (варианты С aab и т.д. – основы Р и Б простые или (обе) сложные – и С bcb и т.д. – основа одного члена ЛП простая, другого – сложная; б) по соотношению корневых морфов (варианты С ac_1a – с тождеством корней, С ac_2a – с пересечением в корне, С ac_3a – с непересечением корневых морфов); в) по акцентной характеристике (варианты С ава и т.д. с совпадающей акцентной характеристикой и С авв – с различаем в акцентной характеристике).

В результате получается классификация, в которой выделено 27 случаев Ф-соответствия Р-Б лексических пар. Представим данные случаи Ф-соответствия Р-Б списком в порядке, отражающем принятую иерархию оценок:

(1) – A
(2) – B
(3) – C aaa – d/e/f/de/df/ef/def
(4) – C aab
(5) – C aab – d/e/f/de/df/ef/def
(6) – C ac₁a
(7) – C ac₁a – d/e/f/de/df/ef/def
(8) – C ac₁b
(9) – C ac₁b – d/e/f/de/df/ef/def
(10) – C ac₂a
(11) – C ac₂a – d/e/f/de/df/ef/def
(12) – C ac₂b
(13) – C ac₂b – d/e/f/de/df/ef/def
(14) – C ac₃a
(15) – C ac₃a – d/e/f/de/df/ef/def
(16) – C ac₃b
(17) – C ac₃b – d/e/f/de/df/ef/def
(18) – C aba
(19) – C aba – d/e/f/de/df/ef/def
(20) – C abb
(21) – C abb – d/e/f/de/df/ef/def
(22) – C bca
(23) – C bca – d/e/f/de/df/ef/def
(24) – C bcb
(25) – C bcb – d/e/f/de/df/ef/def
(26) – C bba
(27) – C bba – d/e/f/de/df/ef/def

Эта классификация (в таком варианте обобщения данных по критериям Ф-анализа) представляется удобной (с точки зрения ее содержательности, с одной стороны, и обозримости, с другой) для первоначальной классификации материала Р-Б лексических пар на основе результатов Ф-анализа. Результаты применения такой классификации к материалу представлены в 4.1.3. (с. 163–177).

Классификация типов Ф-соответствия русско-болгарских лексических пар[7]

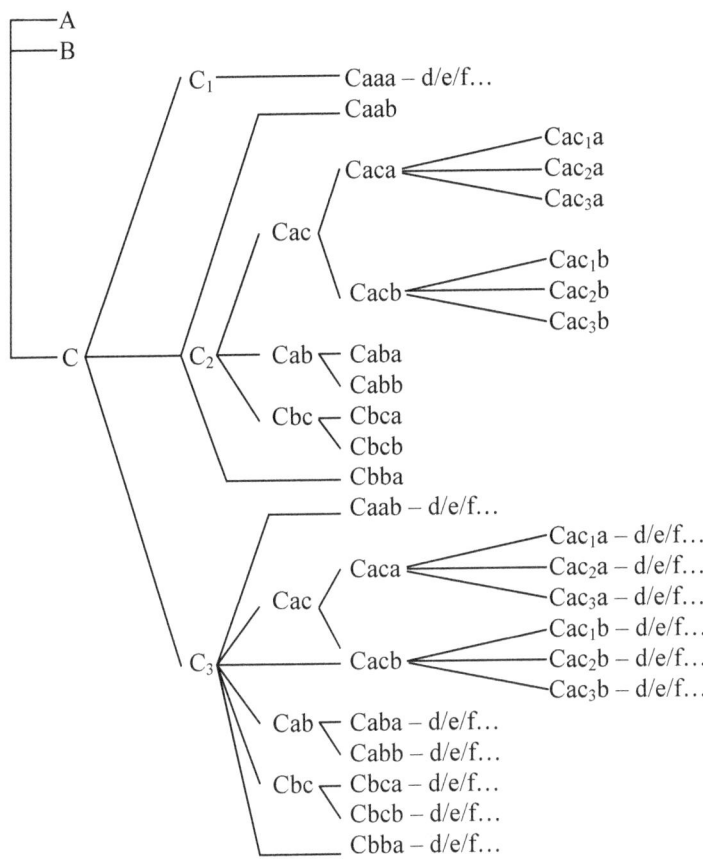

---

[7] См. описание типов, подтипов и вариантов Ф-соответствий Р и Б, описанных в 2.2.4.2. – 2.2.4.3. (с. 51–56).

2.3. Содержательный аспект сопоставительного анализа лексических пар (С-анализ)

2.3.1. Целям содержательного аспекта сопоставления лексики в большей мере соответствует билатеральный сопоставительный анализ, позволяющий сравнивать выражение одного и того же семантического содержания в двух (или более) языках. Однако, как уже отмечалось, он применим при условии, что уже существует соответствующее описание лексики обоих языков, обеспечивающее такое сравнение, чего нельзя сказать о лексике русского и болгарского языков. (Ср. в связи с этим констатацию А.М.Кузнецова по поводу задачи фронтального развертывания семасиологических контрастивных исследований: «Самыми подходящими для нашей цели были бы, конечно, двуязычные идеографические словари, но двуязычная идеография еще только начинается» [Кузнецов 1988: 39]). Поэтому и в содержательном аспекте сопоставления применяется унилатеральный анализ.

На начальном этапе С-анализа его объект ограничен лексическими парами, оба члена которых – не только Р, но а Б – представляют собой однословные наименования, лексемы. Случаи, когда болгарским членом лексической пары является составное наименование, на данном этапе С-анализа не рассматривается.

Содержательный сопоставительный анализ, базирующийся на словарных данных, сосредоточен на выявлении отношения семантической эквивалентности в русско-болгарской лексической паре. (См. [Червенкова 1982а: 145–147; 1983б]; [СОРБЛ 1985: 4–19].)

Содержательный сопоставительный анализ лексических единиц строится с учетом асимметрического дуализма языкового знака.

Русская и болгарская лексические единицы могут быть связаны отношением семантического тождества, включения или пересечения (отношения непересечения в нашем С-анализе в данном случае, на данном этапе, как уже отмечалось, исключаются). Полной семантической эквивалентности данной лексической единицы в лексике сопоставляемого языка может соответствовать разное количество лексических единиц этих языков: одной лексической единице в данном языке может быть семантически полностью эквивалентна одна лексическая единица в другом языке. Но это не обязательно: данной лексической единице может соответствовать в другом языке больше одной лексической единицы. Например, р. *морской* и б. *морски* в значении 'относящийся к морю' связаны отношением семантической эквивалентности. В свою очередь, например, р. *загадка* связано отношением семантической эквивалентности с двумя болгарскими лексемами – гатанка и загадка, каждая из которых представляет собой неполный эквивалент русского слова и находится с ним в отношении семантического включения (р. *загадка* ⊂ б. *гатанка, загадка*).

Принимая во внимание возможность не только симметрии, но и асимметрии в лексическом выражении определенного семантического содержания в сравниваемых языках, в С-анализе русско-болгарских ЛП следует выделять два аспекта. Это собственно семантический (или семасиологический) в семантико-лексический (или ономасиологический) аспекты.

В первом случае Р и Б, составляющие ЛП, сравниваются с точки зрения выражаемой в них семантики и в результате определяется тип семантических отношений между ними. Объектом анализа является семантика данных лексических единиц. Если лексическая единица полисемантична, имеется в виду семантика ее лексико-семантического варианта.

Во втором случае, на основе семантического анализа лексической единицы как члена ЛП, устанавливается лексическое соответствие данной лексемы в сопоставляемом языке: выясняется, что в лексике сопоставляемого языка (в частности, какие лексические единицы и сколько) выражает ту же семантику, что и лексическая единица, взятая в качестве исходной. Объектом анализа при этом являются лексемы как члены ЛП. Определяется тип лексического соответствия, складывающегося на основе семантики данной лексической единице как исходной.

Следовательно, объектом анализа в этих двух аспектах содержательного сопоставления разные. Единица же анализа общая, это семема (как единица плана содержания, которая находит выражение в целой лексической единице, если она моносемантична, и в лексико-семантическом варианте, если она полисемантична) и ее компонент – сема.

Таким образом, выделяемые аспекты различаются с точки зрения объектов, основания и результатов анализа. Объединяющим их является семантический характер основания сопоставления, что выражается в единицах анализа, одинаковых в обоих случаях.

Учитывая характер объектов (семантика в первом случае и лексические единицы – во втором) и результатов анализа (семантические отношения в первом случае и лексические отношения – во втором), с одной стороны, и единство основания в сопоставительном анализе (семантика сопоставляемых лексических единиц) и можно определить эти два аспекта как собственно семантический – в первом случае – и семантико-лексический – во втором (сокращенно С-аспект и Л–аспект).

2.3.2. В процессе С-анализа лексических пар в каждом из его аспектов – семантическом и семантико-лексическом – обнаруживаются отношения симметрии или асимметрии членов ЛП.

Семантическая симметрия (Сс) означает семантическое тождество Р и Б, их полную семантическую эквивалентность (например, р. *морской* – б. *морски*, р. *вчера* – б. *вчера*).

Лексическая симметрия (Лс) отражает симметрию семантическую и выражается в том, что одной лексической единице полностью эквивалентна в сопоставляемом языке тоже одна лексическая единица.

Лексические единицы двух языков, между которыми наблюдаются отношения семантической симметрии и лексической симметрии, составляют семантически полностью эквивалентную ЛП, что сокращенно можно записать как СЭЛП (Относительно этого сокращения заметим, что более точным было бы обозначение СПЭЛП), однако, принимая во внимание, что на данном этапе (на базе словарей) все анализируемые ЛП в общем случае в определенной мере эквивалентны (и на этом основании их можно было бы отнести к СЭЛП), для упрощения сокращением СЭЛП обозначаем только семантически полностью эквивалентные ЛП, тем самым снимая необходимость в употреблении сокращения СПЭЛП).

Семантическая асимметрия (Са) эквивалентных Р и Б выражается в отношении семантического включения или пересечения между ними, означая их неполную эквивалентность. (Ср. о полных и частичных эквивалентах в работах, например, [Секанинова 1973;1981], [Филипец 1973в].

Лексическая асимметрия (Ла) характеризует соответствие, при котором семантика лексической единицы одного языка не получает полностью эквивалентного выражения в какой-либо одной лексической единице другого языка, и полная эквивалентность устанавливается при условии что к данной лексической единице прибавляется еще и другая (или другие).

Семантическая асимметрия, следовательно, ведет к лексической асимметрии (Са → Ла).

Лексически асимметричное соответствие называем полем соответствия, сокращенно ПС (Ср. [Сятковский 1976]).

В поле соответствия включающим членом может быть Р или Б и количество включающих эквивалентов может быть два или более. ПС удобно представить в виде ветвления, в котором исходная лексическая единица связана со своими эквивалентами линиями. Например:

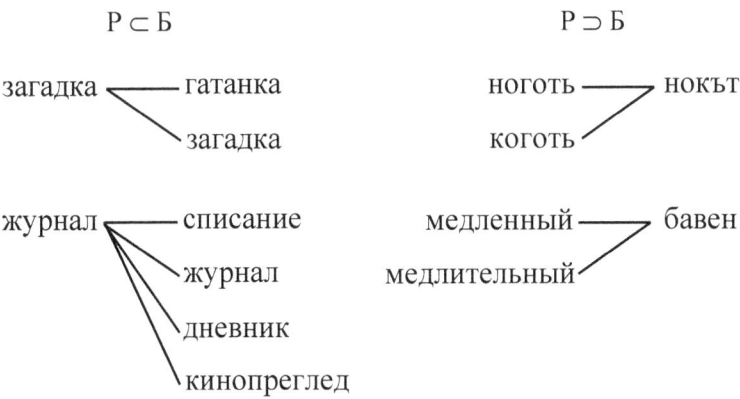

Итак, учет собственно семантического и семантико-лексического аспектов в сопоставительном анализе Р и Б позволяет различать два основных типа эквивалентных соответствий лексических единиц: СЭЛП и ПС.

2.3.3. Собственно семантические аспект анализа включает сравнение Р и Б с точки зрения их семемного состава и его организации, а также с точки зрения структуры семемы (с учетом составляющих ее сем).

Сопоставление Р и Б с точки зрения семемного состава этих лексических единиц дает три случая:
(1) Р и Б моносемантичны;
(2) Р и Б полисемантичны;
(3) Р (Б) моносемантично, Б (Р) полисемантично.

Анализ семемы позволяет определить характер соответствия Р и Б в случае частичного сходства их семем. В случае (1) устанавливается наличие или отсутствие тождества семем в Р и Б. В случае (2) в принципе возможны все четыре типа отношений. Б случае (3) возможны отношения включения или непересечения (последнее – при условии отсутствия тождественной семемы в Р и В).

Сопоставление Р и Б с точки зрения семного состава их семем показывает, что Р и Б могут различаться входящими в структуру семемы компонентами, и при этом совпадающая часть семантики в Р может быть больше или меньше, различающие (дифференциальные) семы могут быть более общими или более конкретными, могут относиться к области собственно семантического или прагматического компонента значения. (С роли семантического и прагматического (коннотативного) компонентов при семантическом сопоставлении лексических единиц разных языков см., например, [Вилюман 1980], [Гудавичюс 1985], [Семантическая специфика 1985])

Например, моносемантические р. *самоотрицание* и б. *самоотрицание* семантически не тождественны. Различия касаются эмпирического компонента, причем общая часть в их семантике преобладает: р. *самоотрицание* – 'отрицание личных достоинств или заслуг', б. *самоотрицание* – 'отрицание личных интересов или пренебрежение им'. В данной ЛП – отношения семантического пересечения.

Различия в прагматическом компоненте характеризуют ЛП р. *митинг* – б. *митинг*: с болгарским членом пары связан ассоциативный компонент 'большое скопление людей и шум' (ср.: *Цял митинг!*). (Ср. наблюдения над различием объема значения этимологически тождественных слов болгарского и украинского языков И.А.Стоянова в: [Паламарчук, Андреш, Стоянов 1983: 176-184], а также в болгарском и русском языках Т.А.Тулиной в [Тулина 1984]).

Различия в пределах семемы, определяющие семантическое включение или пересечение Р и Б, могут быть весьма «незначительными» и тонкими, и вместе с тем исключающими отношения семантического тождества. Анализ и описание такого рода различий между лексическими единицами находим в «Англо-русском синонимическом словаре» и, в частности, в статье в приложении к словарю одного из его авторов – Ю.Д.Апресяна, содержащей изложение теоретических принципов исследования и лексикографического представления синонимов в двуязычном словаре [Апресян 1979].

В сопоставительном описании русских и болгарских лексических единиц – в его содержательном аспекте – опираемся на основные положения, изложенные в этой и других работах Ю.Д.Апресяна, которые касаются семантической структуры лексических единиц и ее лингвистического описания.

В связи с собственно семантическим аспектом анализа возникает вопрос о минимуме семантической общности в Р и Б, который следует считать достаточным для признания отношений семантической совместимости Р и Б как показателя (доказательства) их эквивалентности.

Очевидно, не любое совпадение сем может быть принято во внимание в данном случае. А.Н.Супрун по этому поводу отмечает: «...имеется в виду, что пересечение или включение происходит по существенному компоненту значения (пересечение всех слов данной части речи по некоторому компоненту значения, видимо, имеет место, но едва ли такое пересечение содержит значительную информацию для лексикологического исследования)» [Супрун 1975: 165]. Не относятся сюда и семантические компоненты, выражающие каузацию, начало, конец действия. Чтобы признать наличие семантического включения или пересечения, лексические единицы должны объединяться семантическим компонентом меньшей степени абстрактности. О.Г.Бережан считает, что общий для разных лексических единиц смысл должен образовывать особую архилексему, выражающую родовое понятие [Вереман 1973: 97]. Сходное решение находим у В.Г.Гака, в терминологии которого семантический минимум может быть определен по наличию общей архисемы [Гак 1977], а также у Э.В.Кузнецовой, для которой это – категориально-лексические семы (в отличие от грамматических и лексико-грамматических [Кузнецова 1982: 34]).

В соответствии с таким подходом, например, ЛП р. *белка* – б. *белка*, р. *пила* – б. *пила*, р. *направо* – б. *направо*, р. *сказка* – б. *сказка*, р. *прописать* – б. *пропиша* представляют собой случаи семантического пересечения, которое выражается в наличии в них общих компонентов, объединяющих Р и Б в пределах каждой из приведенных ЛП: 'животное', 'инструмент', 'направление', 'устный' ('устная форма'), 'писать' соответственно. Однако бóльшая часть семантических компонентов, к тому же конкретные эмпирические компоненты членов каждой из этих ЛП не совпадают, и это делает их разными по значению словами, воспринимаемыми как «межъязыковые омонимы»[8].

В нашем сопоставительном описании при решении вопроса о семантической общности Р и Б исходим из того, что, если в значении Р и Б обнаруживается общая часть, но она очень незначительна или касается только категориального признака, а несовпадающая часть, наоборот, значительна, Р и Б не эквивалентны.

Факты пересечения Р и Б на уровне сем (а не только на уровне семем) представляют в нашем случае особенный интерес. В условиях формального сходства Р и Б и, в частности,

---

[8] Об уточнении понятия омонимии, критериев разграничения омонимии и полисемии см. [Апресян 1982].

характерного для этих языков наличия аналогов, важно вскрыть характер и определить меру их соответствия на семантическом уровне.

Анализ на уровне не только семемы, но и семы необходим и с точки зрения целей семантико-лексического аспекта С-анализа.

Приведем два примера:

С-анализ на уровне семемы позволяет установить соответствие б. *ябълка* русским лексическим единицам *яблоко* и *яблоня*: *ябълка* – (1) 'фруктовое дерево' и (2) 'плод этого дерева'; в случае (1) ему соответствует р. *яблоня*, в случае (2) – р. *яблоко*. Необходимости в сопоставлении Р и Б на уровне компонентов семем не возникает.

Иначе обстоит дело с ЛП р. *ворота* – б. *врата*. Семантический анализ этой ЛП на уровне семем показывает отсутствие тождества между ними, и уточнение характера семантического соответствия требует обращения к составу их семем, в результате чего выявляется семантическое различие между этими лексическими единицами: р. *ворота* означает отверстие в стене или ограде, предназначенное для проезда и прохода – широкий вход или проезд, ведущий, например, во двор, сад, город, сарай, но не в жилое помещение, тогда как б. *врата* не имеет такого ограничения, обозначая отверстие для проезда или для прохода в помещение (дом, комнату, сарай и т.д.), огороженное место. В данном случае для достижения семантического тождества русская часть соответствия должна быть «дополнена» словом *дверь*. Русскому *ворота* в болгарском языке соответствует также *порта* ('голяма широка дворна врата откъм улицата' [РСБКЕ]), причем и в этом случае различие между Р и Б проявляется на уровне семы; Р семантически шире, чем Б. Таким образом устанавливается лексическое соответствие: *ворота, дверь – врата, порта*. Если учесть и стилистически отмеченные устарелые р. *врата* и б. *двери*, характер лексического соответствия не изменится.

2.3.4. Отношение семантической асимметрии в лексической паре, обусловленное расхождением в пределах семемы, может быть связано с так называемой широкозначностью лексической единицы, недифференцированностью ее лексического значения.

Понятие широкозначности лексической единицы (подобно понятию лакуны) используется в лингвистике, с одной стороны, в исследованиях одного языка, т.е. по отношению к семантической структуре слов в лексической системе одного языка (см., например: [Амосова 1963], [Лебедева 1982], [Плоткин, Грасул 1982], [Колобаев 1982], [Фельдман 1984], [Жукова 1987]), и, с другой стороны, в исследованиях сопоставительного характера, при сравнении лексических единиц двух языков (см., например: [Бархударов 1975; 1980], [Шмелев 1973], [Медникова 1974], [Гак 1960; 1977], [Ыйм 1981], [Колобаев 1983], [Гудавичюс 1985], см. также [Червенкова 1983б: 51-52; 1987б: 35-36].)

В соответствии с разграничением в семантике лексических единиц общеязыковой, универсальной чести и части, специфической именно для данного языка (см. [Апресян 1980б]; [Семантическая специфика 1985], [Семантическая общность 1986]), широкозначность в плане сравнения двух языков понимается как явление, относящееся к области не универсальной, а национальной семантики.

Она проявляется в семантической недифференцированности лексической единицы одного языка – в наличии у нее в данном случае единой, одной семемы (в отличие от многозначности), которой в другом (определенном!) языке соответствует «расщепление» семантического содержания данной семемы на две или более, выраженные разными лексическими единицами (т.е. лексически дифференцированные) или же не находящие лексического выражения в этом языке. Семема лексической единицы одного языка оказывается шире, «более содержательной» по сравнению с семемой эквивалентной ей лексической единицы другого языка. В сопоставительном плане здесь можно видеть отношения гиперо-гипонимического характера между лексическими единицами двух языков (см. [Гудавичюс 1985]). И это имеет следствием отношение лексической асимметрии, проявляющиеся, в частности, в поле соответствия (ПС) несколькими лексическими единицами в роли эквивалентов к исходной (широкозначной) лексической единице.

Широкозначность может быть чертой всей лексемы (если она моносемантична) или только отдельного ее лексико-семантического варианта. Например, б. *чаша* имеет значение сосуда для питья и обозначает соответствующий предмет по функции, почти независимо от его формы и от характера жидкости. РСБКЕ толкует это слово как «неголям, отворен отгоре съд с разнообразна форма, обикновено от стъкло или порцелан, който служи за пиене на течност». У этого наименования нет однословного соответствия в русском языке: существует целый ряд лексических единиц (*стакан*, *чашка*, *рюмка*, *бокал* и т.д.), каждая из которых – эквивалент к б. *чаша* и вместе с тем семантически конкретнее и уже, чем б. *чаша*, т.к. обозначает только часть объектов внеязыковой действительности, называемых этим словом. Сравнение б. *чаша* и р. *чаша* показывает, что эти слова различаются широтой денотативной отнесенности: у болгарского слова она больше. Это в данном случае позволяет говорить о широкозначности, обнаруживаемой при сравнении.

Примером более широкой денотативной отнесенности русского слова по сравнению с болгарским может служить, например, ЛП р. *баранина* – б. *овнешко*. Обе лексические единицы означают 'мясо барана'. Однако р. *баранина* обозначает и то, что в болгарском языке получает особое лексическое выражение – *шилешко*, *агнешко* (в русском есть особая лексическая единица со значением 'мясо ягненка как пища' – *ягнятина*).

В качестве примера широкозначности в одном из значений слова можно привести б. *буца*. Это существительное в своем основном значении означает часть, некоторое количество вещества (твердого, мягкого, сыпучего – не жидкого и не газообразного), не имеющего определенной формы. В русской лексике этому слову в этом значении соответствуют, по крайней мере, три лексические единицы: *ком*, *комок*, *кусок*, которые определенным образом «распределяют» между собой указанную семантику болгарского слова. Так, слово *ком* толкуется в МАС как кусок какого-л. вещества, обычно мягкого или рыхлого, уплотненный и принимающий более или менее округлую форму, а *комок* – как небольшой ком. В качестве эквивалента болгарскому слову *буца* в одних случаях в русском языке выступает *ком* (*комок*), например, *ком* (*комок*) *земли, глины, грязи, снега*, а в других – *кусок*, например, *кусок льда, сыра, брынзы, масла*. Таким образом, б. *буца* относительно русской лексики является широзначным.

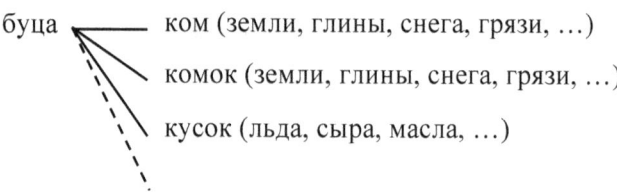

Широкозначность может быть связана не только с предметной областью, с которой соотносится лексическая единица, но и с характером денотативной ситуации, обозначенной данным словом, со степенью конкретности ситуации. Это проявляется в словах с признаковым значением (предикатная лексика). Например, б. *облегна се* обозначает действие, которое может быть связано с различным положением тела субъекта – он может стоять, сидеть или лежать – и с различными точками соприкосновения субъекта с объектом. В русском языке такая обобщенная лексическая единица не представлена, и в зависимости от конкретной внеязыковой ситуации русскими эквивалентами являются, например, *облокотиться* (точка опоры – локоть; например, сидя в кресле), *опереться* (часть тяжести своего тела субъект перенес на предмет или на часть тела, например, *полулежа оперся на руку*), *прислониться* (приблизиться вплотную к кому-/чему-либо, опершись обо что-либо, привалившись к чему-либо; например, *прислонился спиной к стене*).

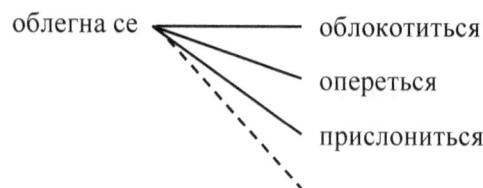

Исследователи широты семантики слова – в рамках сопоставительного подхода и безотносительно к нему – обращают внимание на принципиальное отличие широкозначности от многозначности. Если многозначное слово выражает больше одного понятия, то широкозначное – только одно. В речи обычно происходит актуализация одного из значений многозначного слова при нейтрализации остальных. Широкозначное слово в условиях определенного контекста сужает, конкретизирует значение, ограничивая область референции в данном случае. В.Г.Гак отмечает отличие широкозначности и от широты сочетаемости слова по сравнению с его эквивалентами в сопоставляемом языке (пример автора: фр. *effectuer* в разных сочетаниях может иметь в качестве эквивалентов разные русские глаголы, например, *сделать, совершить, выполнить, осуществить,* но это не дает основания считать французский глагол более широким по значению, чем соответствующие русские; здесь – различие в сочетаемости, которая, заметим, может быть представлена в терминах лексических функций) [Гак 1977: 76].

Таким образом, широкозначность, семантическая недифференцированность выделяется в сопоставительном изучении языков как особое явление. Вместе с тем, однако, широкозначность может «выравниваться» с многозначностью в том смысле, что в обоих случаях лексическая единица одного языка может иметь эквивалентом больше одной лексической единицы в другом языке, что может быть представлено в виде полей соответствия.

2.3.5. В сопоставительном семантическом анализе лексических единиц исходим из признания компонентной структуры их семантики и из допущения, что значение лексической единицы находит отражение в его толковании; принимаем, что экспликацией семантики лексической единицы является толкование (см. [Апресян 1974]). Это означает, что семантика членов лексических пар представляется в виде толкований и что в нашем случае сопоставительный анализ на уровне семемы и семы производится на толковании и его компонентах (частях), которые и являются непосредственным объектом семантического аспекта сопоставительного анализа русско-болгарских лексических пар.

В нашем случае толкования строятся на основе имеющихся в словарях данных. Однако точного повторения словарных данных, как правило, не происходит. Это объясняется двумя причинами. Во-первых, стремлением учесть основные требования современной лексической семантики и лексикографии (см. [Апресян 1974, 1978, 1980б, 1983, 1986а]). В компонентах толкования должны находить выражение общие и различные элементы в значениях Р и Б, с тем чтобы сходству (расхождению) в Р и Б соответствовало сходство (расхождение) в формулировках их толкований. Во-вторых, отличие от словарных толкований обусловлено задачами сопоставительного описания, требующими унификации формы толкований Р и Б, взятых из толковых словарей, путем снятия внешних по отношению к значениям слов различий, имеющихся в словарях, и уточнения формулировок толкования, с тем чтобы форма толкования позволяла отразить действительное семантическое соотношение Р и Б.

Применяемый в данном случае способ определения семантики лексической единицы представляет собой, в сущности, средний путь между использованием готовых словарных толкований и «выведения» их на базе достаточно большого материала, отражающего функционирование данной лексической единицы (с приложением компонентного и дистрибутивного анализов).

При построении толкования принимаются во внимание семантические особенности, обусловленные принадлежностью лексической единицы к предметной или признаковой по характеру категориального значения лексике. Это отражается на форме толкования.

Толкования имен конкретных предметов в основном совпадает со словарными. Толкование признаковых слов включает переменные, отражая тем самым обязательные элементы («участников») обозначаемой словом ситуации.

Применяемое в нашем сопоставительном анализе толкование может содержать и символы лексических функций для обозначения определенных очень общих смыслов универсального характера (лексических параметров типа Caus, Oper, Incep, Func, Magn; лексических замен типа синтаксических дериватов S, A, Adv)[9].

В качестве языка толкования используется русский язык. В данном случае принимается во внимание то обстоятельство, что в направлении анализа русский язык (русское слово) является отправным и определяющим в семантическом сопоставлении. Учитывается и тот факт, что проблема лексикографического описания и система толкований лексических единиц в существующих словарях русского языка разработана глубже и последовательнее (что отражает общий уровень русской лексикографической теории и практики, имеющей за собой более богатую традицию по сравнению с болгарской) [Червенкова 1988: 72].

Применяемые в нашем попарном сопоставительном анализе толкования не предлагаются в качестве лексикографических; они в своей значительной части приблизительны. Последовательное сравнение Р и Б с учетом всех сфер (слоев) смысла (см. [Апресян 1983]) предполагает предварительный детальный и строгий анализ каждой лексической пары в таком плане. Однако выполнение этого условия по отношению к достаточно большому объему материала означал бы отказ от намеченного подхода к сопоставительному описанию лексики до момента, пока не будут получены (построены) толкования, удовлетворяющие представлениям о точности и полноте анализа лексического значения с учетом его «разнослойности». Это задача собственно лексикографического характера, решение которой с необходимостью связано с созданием словаря. В сопоставительном же описании лексики с целью выявления типов соответствия лексических единиц, с опорой на существующие словари, допускаются пока весьма нестрогие формулировки толкований, которые впоследствии, в процессе дальнейшего исследования, могут уточняться.

Наши толкования отличаются от словарных, далее, и тем, что разновидности толкований, обусловленные некоторыми

---

[9] О лексических функциях см. [Апресян 1974], [Мельчук 1974].

различиями в значении лексической единицы (в его семантическом или прагматическом компоненте), последовательно рассматриваются как отдельные (разные) толкования. В виде отдельных толковании представлены также модификации значений, связанные с различием в реализации семантической валентности признакового слова[10].

Особенность используемых в анализе толкований связана кроме того с явлением широкозначности лексических единиц. При наличии широкозначности в одной из сопоставляемых единиц, ведущей к появлению более чем одной эквивалентной лексической единицы, которые «членят», «распределяют» между собой значение исходной лексемы, толкование данной исходной (широкозначной) единицы расщепляется – в соответствии с количеством эквивалентов в сопоставляемом языке.

Например, р. *шаг* в значении ≈ 'одно движение ногой при ходьбе' имеет эквивалентом б. *крачка*, а в значении звуков, возникающих при этом, ему эквивалентно другое болгарское слово – *стъпка*. В данном случае [МАС] объединяет эти значения в одном словарном толковании (выделяя оттенок значения). В нашем сопоставительном описании здесь появляются два толкования, каждому из которых соответствует свой Б-эквивалент. Расхождение в толковании в данном случае отражает семантическое различие, выраженное в Б-эквивалентах *крачка* и *стъпка*, и раскрывает семантическое содержание неполной эквивалентности каждого из них по отношению к р. *шаг* (ср.: р. *сделать шаг* – б. *направя крачка*, б. *слышны шаги* – б. *чуват се стъпки*). Еще пример: болгарское существительное *име*, согласно словарям [РСБКЕ] и [БТР], объединяет в своем значении название человека, животного, предмета; относительно русского *имя* оно отличается широкозначностью, имея эквивалентами две русские лексические единицы – *имя* и *название*. На этом основании толкование в данном случае расщепляется, причем «поводом» для этого здесь является болгарский член ЛП (в отличие от *шаг*).

---

[10] О семантической модификации см. [Апресян 1980б].

Таким образом, применяемое в нашем анализе толкование используется для экспликации семемы или компонента семемы исходного слова и при этом оно может содержательно совпадать или не совпадать со словарным толкованием (которое должно отражать семантическую структуру данной лексемы). Наличие у лексической единицы разных семем, различие в их семном составе находит выражение в выделении разных толкований. Но, с другой стороны, нашему толкованию не обязательно соответствует особая семема в структуре значения исходного слова (и соответственно – особое толкование в словаре). Поэтому толкования, в нашем случае приписываемые слову, количественно нередко превышают словарные. Такое расщепление толкования (дробление значения), неприемлемое с точки зрения адекватности отражения семантической структуры слова как единицы определенного языка (и не соответствующее его подаче в толковом словаре), представляется, тем не менее, оправданным с точки зрения целей данного сопоставления и при необходимости применяется, с тем чтобы выполнить требование последовательной экспликации семантического основания эквивалентности лексических единиц двух языков.

2.3.6. Итак, семантическая эквивалентность Р и Б как членов одной ЛП эксплицируется толкованием. Каждое толкование связывает, соединяет, некоторую лексему Р с эквивалентным ей в болгарском языке выраженьем, в общем случае – лексемой Б. Толкования членов одной ЛП образуют ее семантическое пространство.

Семантическое пространство – одно из основных понятий, используемых в данном сопоставительном анализе.

Семантическое пространство (СП) представляет собой лингвистический конструкт, включающий токования как экспликацию значений Р и Б и выполняющий роль основания для сравнения данной пары слов с точки зрения семантической. Следовательно, СП представляет собой tertium comparationis в попарном сопоставительном семантическом анализе лексических единиц.

СП объединяет толкования Р и Б (выведенные на базе словарных толкований и унифицированные, т.е. подготовленные для сопоставления), причем по крайней мере одно из толкований, составляющих СП данной ЛП, является общим для Р и Б. Отсутствие общего толкования в СП данных Р и Б – свидетельство отсутствия в них семантической эквивалентности.

В организации семантического пространства находит выражение принятая в нашем случае направленность сопоставительного анализа – от русского языка в сторону болгарского. СП определенной лексической пары строится так, что последовательность толкований в представлении (записи) данного СП данной пары отражает порядок подачи значений ее Р-члена (как исходного, отправного в анализе) в толковом словаре. К ним прибавляются толкования, имеющиеся только у Б (если, конечно, Р и Б семантически не тождественны).

Приведем в качестве примера построение толкований, составляющих семантическое пространство лексической пары р. *металлически* – б. *металически*.

В [МАС] р. *металлически* имеет два значения, в каждом из которых выделены и оттенки значений:

1. *прил.* к металл. | Связанный с производством изделий из металла. | Сделанный из металла. **2.** Такой, как у металла. | *перен.* Звонкий, резкий, напоминающий звук от удара по металлу (о голосе, смехе).

Болгарское слово *металически* в [РСБКЕ] толкуется так:

1. Който е направен от метал. **2.** *прен.* Който е с качества на метал; лъскав, звънлив.

В нашем сопоставительном описании на основе словарных данных и анализа материала формулируются следующие толкования, образующие СП данной ЛП:
(1) 'X такой, который относится к металлу'
(2) 'X такой, который связан с производством металла'
(3) 'X такой, который сделан из металла'
(4) 'X похожий на металл'

Толкования сопровождаются уточнениями, прежде всего семантическими, относительно переменной (X). В толкованиях (1), (3) и (4) семантически эквивалентными по отношению к р. *металлический* в болгарской языке являются *металически* и *метален* (в толковании (4) – также и *металичен*), в толковании (2) – *метален*.

Сравнение членов ЛП с точки зрения их семантики осуществляется посредством «наложения» толкований Р и Б на их общее семантическое пространство. Такое «наложение» толкований на СП, например, следующих трех ЛП показывает, что Р и Б в них находятся в отношении семантического включения (первые две ЛП) и пересечения.

Например, отношения включения наблюдаются в ЛП р. *выпускной* – б. *зрелостен*; Р в данном случае семантически шире: имеет, в отличие от Б, и толкования ≈ 'X такой, который относится к выпуску учащихся из средних или высших учебных заведений' (*выпускной вечер*); ≈ 'X такой, который служит для выпуска или выхода из У-а' (*выпускной кран*).

В ЛП р. *быстрый* – б. *бърз* включающим является Б-член, который семантически шире и, в отличие от Р, имеет и толкования ≈ 'X такой, который повторяется с короткими интервалами' (*бързи светкавици*); ≈ 'X такой, который должен быть реализован немедленно' (*бърза задача*).

В свою очередь, ЛП р. *зубной* – б. *зъбен* является примером семантического пересечения Р и Б: в их СП, помимо «общих» для Р и Б, входят толкование ≈ 'X такой, который предназначен для зубов', которое касается только Р (*зубная паста*), и толкование ≈ 'X такой, который имеет зубцы', которое касается только Б (*зъбно колело*).

2.3.7. Семантический сопоставительный анализ предполагает сравнение Р и Б как по составу их значений, отражаемых в толкованиях и образующих их СП, так и по месту этих значении в семантической структуре каждой из сравниваемых единиц. Имеется в виду сопоставление Р и Б с точки зрения иерархии их значений. Иерархия значений в данном случае определяется тем, как (в какой последовательности) эти значения представлены в словарных статьях соответствующих толковых словарей, какое место по порядку они в них занимают. На этом основании различаются ЛП с иерархически симметричными (Ис) и иерархически асимметричными (Иа) семантическими структурами. Простые примеры отношений Ис и Иа представляют лексические пары, в которых Р и Б получают только тождественные толкования и Ис / Иа означает совпадение / несовпадение порядка следования толкований у Р и у Б.

Например, согласно данным словарей [МАС] и [РСБКЕ], в ЛП р. *зависеть* – б. *зався* (СП данной ЛП включает 3 толкования) и в ЛП р. *сын* – б. *син* (с СП = 5) наблюдаются отношения иерархической симметрии; с другой стороны, в ЛП р. *определить* – б. *определя* (СП = 6) отношения иерархической асимметрии. Иерархически асимметричны и полисемантические р. *мужественный* и б. *мъжествен*. Согласно словарям, в Р основное значение (оно приводится первым) – 'Х такой, который обладает мужеством' («обладающим мужеством; стойкий» [МАС], а в Б основное значение – 'Х такой, который обладает качествами, которые присущи мужчине' (в [РСБКЕ] *мъжествен*: **1.** Който притежава качества, присъщи на мъж. **2.** *прен.* Смел, храбър, твърд, решителен), которое в Р приводится последним.

Совпадение / несовпадение в семантической организации Р и Б при тождестве их семантического состава и, как отражение этого, совпадение / несовпадение иерархии толкований, тождественных у Р и Б, может служить основанием для выделения важных типов соответствия лексических единиц или двух подтипов в пределах СЭЛП, различающихся степенью полноты семантической эквивалентности Р и Б: а) СЭЛП′ = толкования Р и Б тождественны; их СП содержит только «совпадающие» толкования и, кроме того, они иерархически симметричны; б) СЭЛП″ = толкования Р и Б тождественны, но иерархически асимметричны.

Значительно сложнее решить вопрос об иерархии значений в случае семантического включения и пересечения, т.е. в условиях поля соответствия. Здесь за определяющее принимается соотношение прежде всего первых значений Р и Б, которые относятся к области основного семантического содержания слова, его центра, ядра. При совпадений этих значений соответствующая ЛП определяется как характеризующаяся отношением иерархической симметрии. Однако если Р и Б обладают разветвленной многозначностью с существенными различиями в значениях, то совпадение первых толкований у этих лексических единиц не считается достаточным для признания в данном случае отношений симметрии. Например, р. *стрелять* – б. *стрелям* образуют СП, включающее 8 толкований, из которых первые два у Р и Б совпадают (ср.: р. *бойцы стреляют из орудий* – б. *бойците стрелят с оръдия* и р. *винтовки стреляют* – б. *пушките стрелят*), однако в остальных, кроме последнего (ср.: р. *стреляет глазами по сторонам* – б. *стреля с очите наоколо*), различаются. Отношения асимметрии также характеризуют, например, ЛП р. *носить* – б. *нося*, в которой совпадают первые значения, но заметно расходятся остальные, причем в СП данной ЛП в процессе анализа выделено 19 толкований.

Опираясь на данные русских и болгарских словарей в определении отношений Ис / Иа в лексической паре, следует иметь в виду возможность несовпадения (расхождения) сравниваемых словарей с точки зрения подачи тождественных явлений, т.е. собственно лексикографические различия (в частности, в [МАС] и [РСБКЕ]). Например, в СЭЛП р. *стремиться* – б. *стремя се*, семантическое пространство которой включает 4 толкования, первое толкование, связанное с быстрым движением, соответствует первому значению в р. *стремиться* (по [МАС]) и второму значению в б. *стреми се* (по [РСЕКЕ]: в нем первым дано значение, связанное с выражением желания). Отношения в Р-Б ЛП в данном случае можно определить как асимметрические. Однако в [СОж] последовательность значений в русском члене пары представлена иначе: первым приводится производное значение, которое в современном языке можно считать главным в данном слове, и тогда отношения между данными Р и Б могут быть представлены как симметрические. Очевидно, что анализ лексических пар с точки зрения отношений Ис / Иа нуждается в уточнении засчет дальнейшей дифференциации выделяемых по данному признаку лексических пар. Преимущественная ориентация на первые толкования в Р и Б весьма приблизительна в своих результатах.

По этой причине на данном этапе работы детализация в рамках СЭЛП по признаку Ис / Иа не проводится и отмеченные выше подтипы (СЭЛП′ и СЭЛП″) не разграничиваются.

2.3.8. В процедуре содержательного сопоставительного анализа (в С-анализе) русско-болгарских лексических пар исходным и определяющим является собственно семантический аспект анализа (С-аспект).

Собственно семантический аспект анализа начинается сравнением Р с ее Б-эквивалентом, представленным в русско-болгарском словаре. Толкования Р и Б сравниваются относительно их общего семантического пространства.

Констатация тождества толкований у Р и Б как итог С-аспекта анализа данной ЛП означает полную эквивалентность Р и Б. Определение лексических единиц Р и Б как полностью эквивалентных входит в семантико-лексический аспект анализа (Л-аспект), с точки зрения которого такая ЛП относится к типу СЭЛП.

Таковы, например, ЛП р. *зависеть* – б. *завися*, р. *сын* – б. *син*, р. *определить* – б. *определя*, приведенные выше.

Если же С-аспект показывает, что Р и Б не тождественны, то выявление полной семантической эквивалентности требует продолжения анализа, с тем чтобы найти те соответствия в сопоставляемом языке, которые необходимы для достижения полной эквивалентности в данном случае. Дальнейший анализ связан с последовательностью определенных операций, фаз – «шагов» – и с выделением определенных «ступеней» в анализе (см. [Червенкова 1983б: 54–63], [СОРБЛ 1985: 9–10]). Для обозначения отдельной фазы, которая определяется объектами и направлением сопоставления, воспользуемся термином «шаг», применяемым в области словообразовательного анализа.

Под «шагом» сопоставительного анализа будем понимать сопоставление Р и Б в одном направлении: Р → Б или Б → Р. Смена направления анализа соответствует переходу к следующему шагу.

Остановимся подробнее на процедуре содержательного сопоставительного анализа в его С-аспекте и Л-аспекте.

Русско-болгарские словари (на основе которых проводится сопоставительный анализ) предлагают две возможности с точки зрения лексического соответствия, которое имеет данная Р в лексике болгарского языка (случай отсутствия эквивалента при этом исключается):

1) русской лексической единице соответствует болгарская лексическая единица; Р и Б представляют ЛП;
2) русской лексической единице соответствует больше одной болгарской; $Б_1 + Б_2 (+ Б_3$ и т.д.) образуют ПС относительно Р; Р и Б входят в одно поле соответствия.

Содержательный сопоставительный анализ в каждом из этих случаев имеет свои особенности. Рассмотрим эти случаи.

2.3.8.1. Лексическая пара (ЛП).

2.3.8.1.1. Первый шаг С-анализа. Объект анализа – Р и Б, составляющие ЛП. Сравнение их толкований приводит к выводу о характере их соответствия (семантического) в ЛП как тождестве или отсутствии тождества, что и составляет результат данной сопоставительной процедуры.

Р и Б, между которыми наблюдается отношение тождества семантического, образуют СЭЛП. СЭЛП может включать формально тождественные Р и Б. Это возможно в словах, не имеющих морфологических форм словоизменения. Например, семантическое и формальное тождество связывает следующие ЛП: р. *вместо* – б. *вместо*, р. *легато* – б. *легато*, р. *табу* – б. *табу*. Подобные ЛП, однако, редкость. Обычно СЭЛП составляют Р и Б, находящиеся в отношении формального пересечения. Членами такой СЭЛП могут быть моносемные лексические единицы, например:

Р	Б
майский	майски
максимальный	максимален
медицинский	медицински
междугородный	междуградски
мемориальный	мемориален

Р	Б
минимальный	минимален
миролюбивый	миролюбив
многозначный	многозначен
мраморный	мрамораен

Это примеры наиболее простого случая полной семантической эквивалентности Р и Б.

Члены СЭЛП могут быть полисемантичными. Например [Червенкова 1983б: 55]:

Р	Б
массовый (м. сцена, организция, зритель, производство, героизм)	масов
международный (м. политика, выставка)	международен
минеральный (м. вещество, источник)	минерален

В обоих случаях члены СЭЛП – аналоги. Принадлежность к аналогам – характерная, но не обязательная черта СЭЛП. Ср., например: р. *арбуз* – б. *диня*, р. *бровь* – б. *вежда*, р. *весна* – б. *пролет*, р. *волосы* – б. *коса*, р. *зеркало* – б. *огледало*.

СЭЛП обнаруживают симметричность отношение в С-аспекте и в Л-аспекте анализа Р и Б: Сем Р (семантика Р) → Сем Б (семантика Б): Р → Б.

Констатация тождества толкований Р и Б как членов ЛП и отнесение ее к типу СЭЛП означает конец С-анализа этой ЛП на данном, начальном его этапе.

2.3.8.1.2. Второй шаг С-анализа. Как продолжение С-анализа, он имеет место в том случае, если на первом шаге констатировано отсутствие семантического тождества. Второй шаг состоит в том, что изменяется направление анализа: Б → Р. Анализ показывает, что установление семантического тождества между Б и Р требует введения в русскую часть соответствия, кроме Р, других лексических единиц – Р′, Р″ и т.д.

Отношение семантической эквивалентности между Б и Р определяется как включение (с включающим Б). Получается ПС с количественно неодинаковым составом частей. В характеристике поля соответствия важным оказывается понятие части ПС – русской и болгарской.

Очевидно, в рассматриваемом случае отсутствует симметрия между семантическим и лексическим соответствием частей ПС: семантическое тождество частей сопровождается лексической асимметрией. Например:

Русское слово *губка* имеет значения (по [МАС]):

1. Тип низших многоклеточных животных, обитающих в морях. **2.** Мягкий, пористый остов некоторых видов этих животных, хорошо впитывающий влагу и служащий для мытья | Пористое изделие из резины наподобие губки.

Этому слову (в указанных значениях) соответствует б. *гъба*. Но болгарское слово имеет еще и значение 'низшее растение, не образующее цветков и семян и размножающееся спорами', которого нет у р. *губка*. Таким образом, на первом шаге анализа, при сравнении толкований Р и Б, устанавливается отношение включения (с включающим членом Б). На втором шаге обнаруживается соответствие Б (*гъба*) не только с Р (*губка*) но и еще с одной Р (*гриб*), выражающей третье значение в Б. Соответствие между Р и Б в ЛП р. *губка* – б. *гъба* относительно их семантического пространства можно представить следующим образом:

Р		СП	Б
губка	(1)	низшее многоклеточное неподвижное морское животное	гъба
-"-	(2)	мягкий, пористый остов этого животного...	-"-
гриб	(3)	низшее растение, не образующее цветков и семян...	-"-

С-аспект, следовательно, касается в данном случае двух объектов: лексической пары, как и в СЭЛП, и, кроме того, частей ПС (Р-части и Б-части). Л-аспект анализа имеет смысл именно для ПС. В СЭЛП отношения между семантическим соответствием и лексическим соответствием симметричны. В условиях поля соответствия такой зависимости нет: для семантической симметрии в ПС лексическая симметрия не обязательна, в ПС она частный случай, причем, по-видимому, более редкий. ПС может представлять лексически симметричную эквивалентность, когда части поля симметричны семантически и лексически, или лексически несимметричную эквивалентность, когда части поля семантически симметричны, но лексически не симметричны (см. приведенное выше ПС с исходный р. *губка*).

Лексически асимметричная эквивалентность может быть обусловлена синонимией между лексическими единицами одного языка, входящими в данное ПС. В таком случае семантическая симметрия связывает лексические единицы одной части ПС с каждым членом другой его части. Такое лексически асимметричное ПС, следовательно, состоит по крайней мере из двух СЭЛП с общим членом. Например:

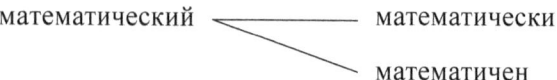

В качестве примера ярко выраженной лексически асимметричной эквивалентности можно привести ПС с исходной р. *метель*. Семантически эквивалентной этой лексической единице в болгарском языке является б. *виелица*. Эти слова связывают отношения семантического тождества. Однако р. *метель* имеет семантически смежные, в частности синонимически и квазисинонимически связанные с ним слова, и у б. *виелица* также есть синонимы. В результате получается ПС, семантически симметричное с точки зрения и лексической пары, и частей ПС, но лексически асимметричное.

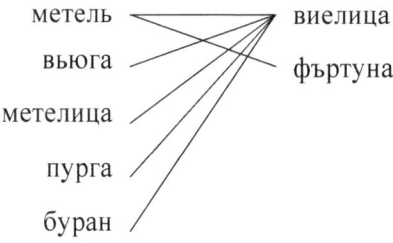

Сравнение ПС с исходными лексическими единицами р. *губка* и р. *математический* показывает, что лексически асимметричная эквивалентность в условиях семантического тождества частей ПС может отражать разные типы отношений в их исходных лексических парах, например, с включением, как в первом случае, и с тождеством, как во втором.

Итак, второй шаг С-анализа (Б → Р) может привести к лексической асимметрии в ПС. Продолжение анализа в этом случае означает изменение направления и объектов: сравниваются Р′ (Р″ и т.д.) с Б. При этом смена объекта анализа связана с выходом за пределы исходной ЛП. Сопоставлению подлежат член исходной ЛП – Б и не-член исходной ЛП – Р′.

До сих пор С-анализ имел своим объектом члены одной определенной ЛП, теперь же он может быть продолжен с включением лексических единиц, появляющихся в процессе анализа. Объектом анализа становятся «новые» ЛП. В связи с этим можно выделить разные ступени в процедуре С-анализа.

2.3.8.1.3. Ступень сопоставительного анализа определяется объектами сопоставления на данном шаге. С-анализ в рамках исходной ЛП составляет ступень 1, а С-анализ, объектом которого является ЛП, включающая один из членов исходной ЛП и его эквивалент, не являющийся членом этой исходной ЛП, – как ступень 2. Каждая ступень связана с одним или более одного шагами анализа. Ступень 1 включает один или два шага. Ступень 2 начинается с третьего шага С-анализа.

Понятие ступени – важное с точки зрения попарного С-анализа, объектом которого является ЛП. Оно позволяет разграничить разные ЛП, входящие в одно ПС, как объекты отдельных шагов С-анализа.

Если на первом шаге устанавливается СЭЛП, то С-анализ ограничивается ступенью 1. Однако при условии, что анализ ЛП не кончается первым шагом и на втором шаге обнаруживается соответствие больше, чем одной Р, получаем ПС, когда дальнейший анализ означает переход на ступень 2. Например, анализ ЛП р. *губка* – б. *гъба* включает две ступени:

Еще пример. Сопоставительный анализ р. *сфера* на первом шаге устанавливает в качестве Б-эквивалентов б. *сфера, среда* и *кръг*. На втором шаге в Р-части соответствия появляются лексемы р. *среда* и *круг* (как неполные эквиваленты к б. *среда* и *кръг*). Получается ПС:

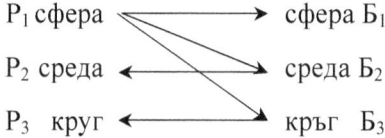

Сопоставительный анализ исходной ЛП ($Р_1$ – $Б_2$,) составляет ступень 1. Объектом анализа в ПС с исходной р. *сфера* на второй ступени является ЛП $Р_1$ – Б2, и $Р_1$ – $Б_3$. Ступень 3 в данном случае имеет объектом анализа ЛП $Р_2$ – $Б_2$ и $Р_3$ – $Б_3$.

Двуязычные (переводные) словари отражают, с этой точки зрения, результат первого шага первой ступени сопоставительного анализа, исходной лексической единицы.

Начиная со второй ступени, сопоставительный С-анализ, по существу, не отличается от С-анализа, исходным для которого является ПС.

2.3.8.2. Поле соотсвия (ПС).

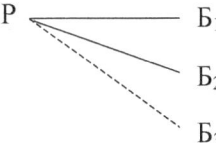

2.3.8.2.1. Первый шаг в условиях ПС (вторая возможность, предлагаемая русско-болгарскими словарями, которую имеет исходная Р в болгарском языке) состоит из стольких повторяющихся операций сопоставления в направлении Р → Б, сколько эквивалентов имеется у Р в болгарской лексике: толкования Р сравниваются с толкованиями Б₁, затем с толкованиями и Б₂ и т.д. Сопоставление Р → Б₁ представляет ступень 1, сопоставление Р → Б₂ (Р → Б₃ и т.д.) – ступень 2. Как уже было отмечено, С-анализ в рамках ПС включает ступень 2 уже на первом шаге. Определение ступени анализа для каждой пары зависит от выбора исходной ЛП. Для ПС Р → Б₁ Б₂ Б₃ (и т.д.) это значит, что, если в нем исходная ЛП – Р → Б₁, то Р → Б₂, Р → Б₃ (и т.д.) относятся к ступени 2. Сами же процедуры сопоставления с исходной Р на ступенях 1 и 2 одинаковы.

Сопоставление толкований Р и Б₁, Б₂ и т.д. показывает, представляют ли Р, с одной стороны, и Б₁, Б₂ и т.д., с другой, семантически тождественные части ПС или нет.

Первый случай (части ПС семантически тождественны) имеет своим результатом ПС с включающей Р, и на этом С-анализ заканчивается. В таком ПС наблюдается расхождение между семантическим и лексическим соответствием, т.е. между результатами С-аспекта и Л-аспекта анализа. Семантическая симметрия (семантическое тождество) частей ПС здесь сочетается с семантической асимметрией (включением) в исходной ЛП (с включающей Р) и с лексической асимметрией, например:

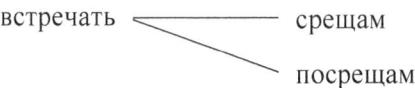

В данном случае семантические отношения в ПС: Сем Р = Сем Б$_1$ + Сем Б$_2$; лексические отношения: Р →Б$_1$, Б$_2$.

По существу, между таким ПС и ПС, описанным выше (см. 2.3.8.1.2, с. 80–81), нет принципиальных различий с точки зрения характера лексического соответствия: семантическое отношение тождества связывает одну лексическую единицу одного языка больше чем с одной лексической единицей другого, семантическое тождество (семантическая симметрия) частей ПС сопровождается их лексической асимметрией. Это позволяет отнести оба случая к одному типу ПС. Различия касаются шага, на котором устанавливается данный тип ПС, и принадлежности исходной лексической единицы к русскому или болгарскому языку. В одном случае данный тип ПС проявляется на первом шаге и включающей является Р, в другом – на втором шаге и включающей является Б. Это различие можно выразить графически линиями вправо и влево от включающей лексической единицы при исходном направлении анализа Р → Б:

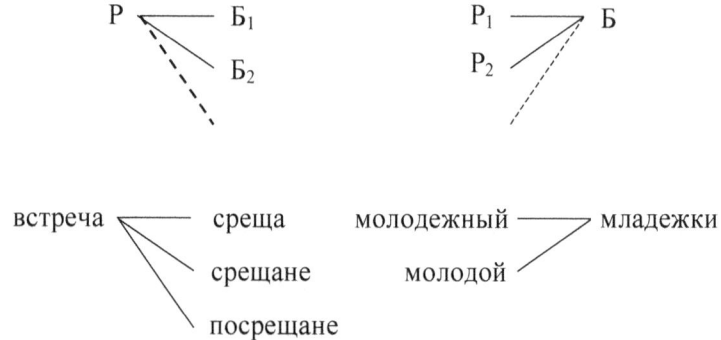

Если данный тип ПС обозначить как ПС^1, то, используя индексы для указания на включающую лексическую единицу, эти разновидности можно записать как ПС$^1_р$ и ПС$^1_б$.

В случае констатации семантического тождества в ПС анализ заканчивается.

2.3.8.2.2. Второй шаг в условиях ПС имеет место при отсутствии семантического тождества частей ПС^1 на первом шаге. Он состоит в сравнении толкований Б и Р (Б → Р), и в этом совпадает со вторым шагом в условиях ЛП (с. 80). Разница между ними в том, что в данном случае сопоставление допускает переход на ступень 2, т.е. в условиях ПС второй шаг может охватывать две ступени.

Для установления семантического тождества частей ПС требуется ввести новые Р. В результате получаем ПС, характер которого зависит от того, к какому члену Б-части относится новый Р (новые Р). Если на первом шаге имеем ЛП, а на втором появляется новые Р (см. с. 80), то это ПС$^1_6$.

Если же на первом шаге мы имели ПС^1_p, при отсутствии семантического тождества его частей, и на втором шаге появляются новые Р как результат сопоставления Б → Р, то исходные Р и Б оказываются связанными отношением семантического пересечения. Каждая часть данного ПС содержит больше одного члена, причем части могут быть лексически симметричными или асимметричными. Самые простые случаи такого лексического соответствия можно представить так:

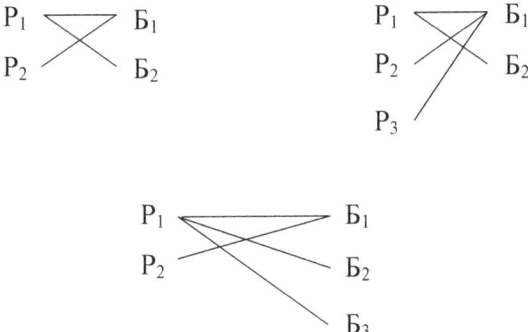

Такой тип ПС обозначим как ПС^2. ПС^2, как видим, включает исходную ЛП, а также лексические пары, появившиеся на второй ступени С-анализа, только один из членов которых принадлежит исходной ЛП. Лексически асимметричные ПС различаются с точки зрения того, в какой их части – русской (левой) или болгарской (правой), больше членов. В соответствии с этим в условиях Р → Б анализа можно говорить о левой и правой асимметричности в ПС^2.

Таким образом, в данном случае семантическая симметрия (тождество) частей ПС сочетается с семантической асимметрией (пересечением) в исходной ЛП и с лексической симметрией или асимметрией частей ПС.

Итак, на втором шаге С-анализа выделяются два типа ПС: ПС^1 и ПС^2. Напомним, что ПС^1 возможно уже на первом шаге – как исходное в С-анализе. В таком случае второй шаг или подтверждает характер ПС как ПС^1, или превращает ПС^1 в ПС^2.

Если Р-часть и Б-часть в ПС^2 семантически тождественны, то на данном этапе С-анализ заканчивается вторым шагом. Если же такого тождества между ними нет, достижение семантического тождества частей требует введения новых членов в Б-часть, что связано с изменением направления анализа – в сторону болгарского языка. Это составляет третий шаг анализа.

2.3.8.2.3. Третий шаг С-анализа представляет собой сравнение толкований Р$_2$ (Р$_3$ и т.д.) и Б$_1$, Б$_2$ (Б$_3$ и т.д.) в направлении Р → Б. Сопоставление занимает ступень 2, на которой объектами анализа являются Р$_2$ и Б$_1$ и выходит за ее пределы, когда объектами анализа становятся Р$_2$ и Б$_2$ (Б$_3$ и т.д.), т.е. ЛП, каждый член которой связан с исходной ЛП, но не входит в нее. Такая ЛП представляет объект следующей, третьей ступени С-анализа.

На третьем шаге анализа в данном случае – для установления семантического тождества частей – Б-часть ПС пополняется новым членом (новыми членами), непосредственно не связанным с исходной ЛП.

Включение в ПС новых Б, непосредственно не связанных с исходной ЛП, изменяет характер состава ПС. ПС содержит исходную ЛП и такие ЛП, которые появляются на второй и третьей ступенях анализа и которые в разной степени связаны с исходной ЛП. Это служит основанием для выделения особого типа ПС; обозначим его как ПС^3. Схематически такое ПС^3 имеет вид:

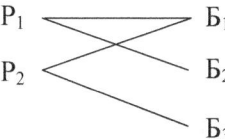

ПС³ может быть получено при условии, что отсутствие семантического тождества в исходном ПС и расширение его Р-части связано не с Б₁ (входящим в исходную ЛП), а с Б₂ (Б₃ и т.д.). В результате в ПС включается ЛП (Б₂ → Р₂), ни один член которой не принадлежит исходной ЛП. Однако в данном случае это происходит не на третьем, а уже на втором шаге анализа и члены исходной ЛП связаны отношением не пересечения, а включения (с включающей Р₁):

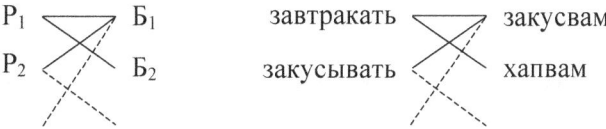

К ПС этого типа может привести и С-анализ, исходным для которого является ЛП (а не ПС), однако, это связано не со 2-ым, а с 3-им шагом анализа. Например (с исходной Р):

| P₁ ⤫ Б₁ | завтракать ⤫ закусвам |
| P₂ ⤫ Б₂ | закусывать ⤫ хапвам |

Возможен и смешанный случай, когда ПС³ появляется на 3-ем шаге анализа, причем члены исходной ЛП связаны отношением семантического пересечения: семантически связаны между собой Р и Б всех трех ступеней анализа:

| P₁ ⤫ Б₁ | отказаться ⤫ отказа |
| P₂ ⤫ Б₂ | отказать ⤫ откаже се |

Дальнейшее углубление анализа, которое в данном случае определяется количеством сопоставительных операций в процессе поиска семантической эквивалентности лексической единицы, касается ступени 3 и предполагает введение новых членов, семантически непосредственно не связанных с исходным ПС. Продолжение анализа будет означать увеличение шагов и переход на новые ступени, обусловленные сменой сопоставляемых ЛП.

Значение подобного сравнения лексических единиц на основе двуязычных словарей отмечает Л.С.Бархударов, иллюстрируя это на материале русского и английского языков с исходным русским словом *стакан* [Бархударов 1975: 92]. Приведенная автором сетка соответствия может быть определена (с точки зрения выделяемых нами типов) как ПС[5]. Ср. также, представленные в виде схем соответствия, системы эквивалентности между р. *дерево* и англ. *tree*, между р. *мальчик* и англ. *boy* у Э.М.Медниковой [Медникова 1974: 155–157].

Итак, количество операций, шагов и ступеней по пути к полной семантической эквивалентности частей ПС может быть разным. Это зависит от сложности семантических отношений лексических единиц, «вовлеченных» в данное ПС, а также от глубины сопоставительного анализа, которая, в свою очередь, определяется целями предпринимаемого сопоставления.

2.3.9. Возможность углубления анализа ставит вопрос о границах ПС как объекта сопоставительного анализа. До какой глубины следует доводить (какой глубиной ограничить) анализ на данном (начальном) его этапе.

ПС – понятие относительное. Его глубина и, следовательно, объем находятся в зависимости от того, по отношению к чему определяется данное ПС.

Выделяем три случая:
(1) ПС определяется относительно исходной лексической единицы (Р);
(2) ПС определяется относительно исходной ЛП (Р – Б);
(3) ПС определяется относительно исходного ПС, образуемого исходной лексической единицей (Р), причем такое ПС включает лексические пары и за пределами первой и второй ступеней сопоставления.

Например (исходное выделено):

(1) ПС относительно исходной Р (*модный*)

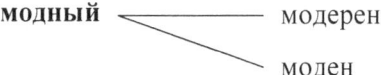

Это ПС, построенное относительно р. *модный*, может быть отнесено к типу ПС$^1_р$. Ему соответствует один шаг и две ступени анализа.

(2) ПС относительно исходной ЛП (р. *модный* – б. *модерен*)

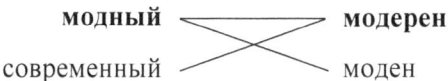

Этому ПС соответствуют два шага и две ступени анализа, и оно может быть определено как ПС^2.

(3) ПС относительно исходного ПС (р. *модный* – б. *модерен*, *моден*)

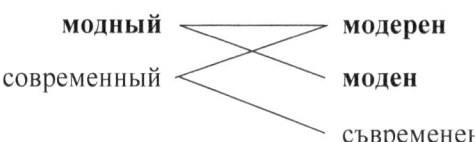

Это ПС связано с тремя шагами (Р$_1$ → Б; Б$_1$ → Р; Р$_2$ → Б) и охватывает три ступени (Р$_1$ → Б$_1$; Р$_1$ → Б$_2$ и Б$_1$ → Р$_2$; Р$_2$ → Б$_3$). Оно представляет собой ПС^3.

ПС, установленное на определенном шаге анализа, может включать не все лексические единицы, семантически с ним связанные и необходимые для установления семантического тождества частей ПС. На этом основании можно различать два вида ПС – закрытые и незакрытые, открытые. Открытые помечаем стрелкой (ПС→).

В приведенных примерах на ПС относительно исходной Р (1) и исходной ЛП (2) представлены открытые ПС (ПС$^1_р$→ и ПС^2→). В (3) дается пример закрытого ПС^3. Закрытым может быть и ПС относительно исходной Р и исходной ЛП. Например:

Итак, в случае (1) ПС определяется относительно Р; имеет место односторонний С-анализ в одном направлении: Р → Б. Такое сопоставление дает ответ на вопрос, какие Б семантически соответствуют данной Р.

В случае (2) ПС определяется относительно ЛП (Р – Б); имеет место односторонний С-анализ с последовательной сменой направления анализа (Р → Б и Б → Р). В данном случае сопоставление отвечает на вопрос не только о том, какие Б семантически соответствуют данной Р, но и о том, какие Р семантически соответствуют данной Б.

В случае (3) ПС определяется относительно некоторого исходного ПС, установленного в (1), т.е. происходит расширение («углубление») этого ПС путем включения новых ЛП, связанных с последующими ступенями анализа, помимо исходной.

С точки зрения задач предпринятого сопоставления принципиальным оказывается различие между случаями (1) и (2). В условиях двунаправленного С-анализа следует выбрать второй из них.

Случай (3), по существу не отличаясь от (2), дает более полную информацию о семантических и лексических отношениях сопоставляемой лексики. Однако он требует значительного усложнения анализа, связанного с привлечением новых лексических пар, кроме исходной.

Соображения поэтапности производимого анализа заставляют сузить задачу и в данном случае. На настоящем этапе работы сопоставление ограничено случаем (2) и, следовательно, ступенью 2, т.е. описываются отношения эквивалентности в лексических парах, образуемых на основе исходной ЛП, в состав которых входят исходная Р и ее Б-эквиваленты.

Если семантическое тождество частей ПС устанавливается в рамках первых двух ступеней анализа, С-анализ заканчивается уже на этом этапе; ПС определяется как закрытое. В противном случае ПС остается открытым, и анализ должен быть продолжен на следующем этапе обработки материала.

Разделение полей соответствия на закрытые и открытые позволяет отграничить более простые случаи от более сложных, выделить, отобрать на начальном этапе анализа соответствия определенного характера (закрытые ПС).

2.3.10. Итак, на данном (начальном) этапе попарного сопоставительного С-анализа русских и болгарских лексических единиц выделяются следующие типы ПС (См.: [Червенкова 1983б: 65–71]; [СОРБЛ 1985: 11–15]).

(1) ПС с отношением включения в исходной ЛП, с включающей Р или Б, закрытое или открытое: $ПС^1_р$, $ПС^1_б$, $ПС^1_р \rightarrow$, $ПС^1_б \rightarrow$. Например:

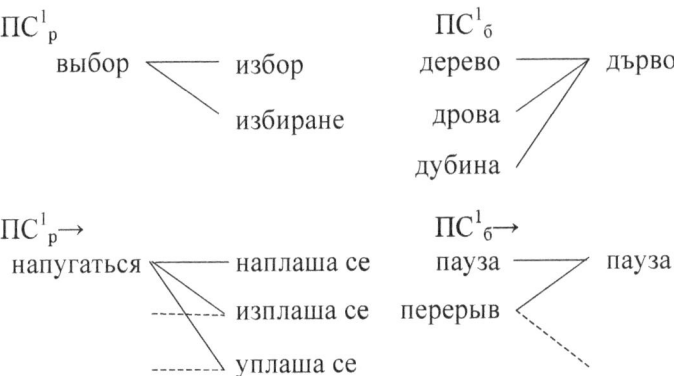

(2) ПС с отношением пересечения в исходной ЛП, с лексической симметрией или асимметрией частей, закрытое или открытое: $ПС^2Лс$, $ПС^2Ла$, $ПС^2Лс\rightarrow$, $ПС^2Ла\rightarrow$.

Например:

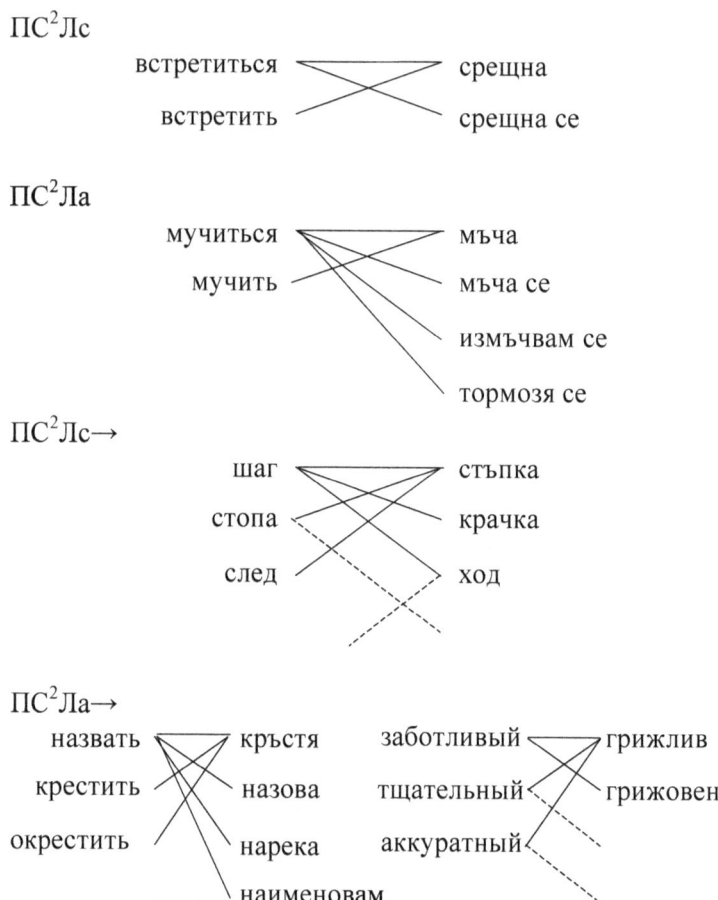

В приведенных примерах на ПС представлены оба случая отношений Ла – с количественным перевесом эквивалентов (1) в правой (Б) части ПС и (2) в левой (Р) части ПС, т.е. правая и левая Ла.

(3) Промежуточный тип. Такой тип соответствия образуют ЛП, которые с точки зрения С-аспекта относятся к СЭЛП, однако с точки зрения Л-аспекта образуют ПС, т.к. у одной исходной лексической единицы в данном случае в лексике

сопоставляемого языка больше одного эквивалента, причем между этими двумя (или более) эквивалентами наблюдаются отношения синонимии, полной или частичной. Это промежуточный тип соответствия Р и Б – СЭЛП–ПС (в классификации типов соответствия в [Червенкова 1983б] этот тип не выделен особо; в [СОРБЛ 1985] он представлен).

Соответствия СЭЛП–ПС можно рассматривать как СЭЛП, «ведущую» к ПС (СЭЛП→ПС), и как ПС, «выведенное» на основе СЭЛП (ПС←СЭЛП). Такие соответствия могут включать или только СЭЛП (по крайней мере две), или помимо СЭЛП они могут содержать и семантически смежные ЛП. Например, две СЭЛП: р. *трудность* – б. *трудност* и р. *трудность* – б. *мъчнотия* образуют ПС$^1_р$:

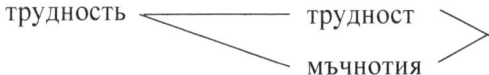

СЭЛП р. *исчезнуть* – б. *изчезна* и ПС$^1_6$→ с исходной ЛП р. *исчезнуть* – б. *изгуби се* образуют ПС^2→:

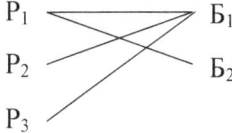

(4) Отношения синонимичности между эквивалентами к одной и той же исходной лексической единице обусловливает появление типа соответствия, переходного между ПС^1 и ПС^2. При этом члены исходной ЛП связаны отношением включения, и это ведет к образованию ПС^1; вместе с тем у Б-эквивалента есть (частичный) синоним – Б′, включение которого в ПС в качестве эквивалентного (наряду с Б) к Р превращает ПС^1 в ПС^2. Таковы, например, ЛП р. *стройка* – б. *строеж* и ЛП р. *стройка* – б. *градеж*, каждая из которых ведет к ПС^1, однако учет того, что эквивалентами к р. *стройка* в определенных значениях являются оба болгарских глагола, позволяет видеть здесь тип соответствия ПС^2.

Так, например:

на основе общей исходной Р в них (*стройка*) можно представить как ПС²→:

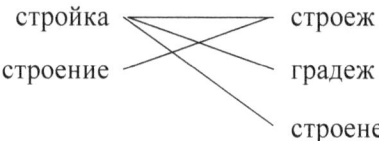

Следовательно, в этом случае можно говорить о переходном типе ПС¹–ПС² (в [Червенкова 1983б] и в [СОРБЛ 1985] такой промежуточный тип не выделяется).

От соответствий такого характера следует отличать дублетные соответствия, которые вызваны существованием в сопоставляемом языке дублетных форм одной и той же лексемы. Например: р. *вишня* – б. *вишна* и *вишня*; р. *карман* – б. *джоб* и *джеб*. Такие полностью эквивалентные пары рассматриваются как дублетные СЭЛП.

Таким образом, попарный С-анализ в двух его аспектах позволяет отнести каждую ЛП к одному из указанных типов соответствия.

При этом одна и та же исходная Р может входить в несколько ЛП (в составе ПС¹ₚ и ПС²). Каждая такая ЛП образует свое ПС. Разные ЛП с одной и той же исходной Р могут давать одинаковые или разные по типу ПС.

Например, однотипные ПС (ПС¹ₚ→) образуют ЛП б. *стройка – б. строеж* и ЛП р. *стройка – б. градеж*:

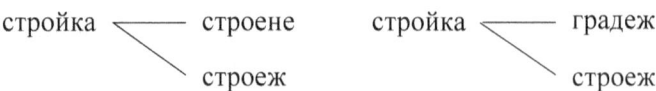

Разнотипные ПС образуют, например, ЛП с исходной Р *суд*:
ПС² →

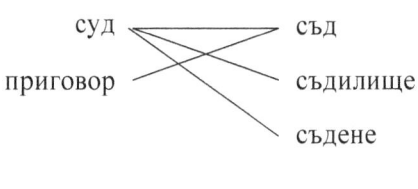

ПС¹ₚ →

Объединение по крайней мере двух ПС с общей исходной Р дает более сложное ПС – **совмещенное ПС**.

Строя ПС, и в особенности, совмещенное ПС, необходимо выбрать един из Б-эквивалентов в качестве основного, первого, относительно которого, в паре с исходной Р, и будет построено ПС. Здесь прежде всего принимаются во внимание данные словарей – русско-болгарских и толковых. Определяющим является иерархия толкований исходной Р, отраженная в семантическом пространстве данной ЛП. При прочих равных условиях (в случае синонимии Б-эквивалентов по отношению к Р) предпочтение отдается наиболее близким в плане выражения Р и Б (словам-аналогам). Например:

В случае синонимии Б-эквивалентов совмещенное ПС содержит два или более одинаковых ПС, различающихся только порядком следования Б-эквивалентов в них. Такие ПС можно назвать **зеркальными**. Например:

2.3.11. Отметим некоторые особенности построения соответствий типа ПС.

В формировании ПС относительно ЛП за исходные принимаются данные двуязычных словарей. Отправным источником сведений при этом служит болгарско-русский словарь. Полнота и точность этих сведений проверяется по другим словарям, например, [РБР] устанавливает соответствие: р. *уговаривать* – б. *убеждавам, склоням, придумвам*. Среди приводимых эквивалентов нет б. *уговарям*. Однако болгарские словари отмечают этот глагол в значении, позволяющем считать его семантическим эквивалентом к р. *уговаривать* и на этом основании включить в ПС с исходным р. *уговаривать*.

При построении поля соответствия принимаются во внимание ответы на два вопроса: 1) выражается ли семантика Р, представленная толкованием, в Б и, если нет, то какие эквиваленты должны быть введены дополнительно в Б-часть соответствия для получения положительного ответа на этот вопрос; 2) выражается ли семантика Б, представленная в толковании, в Р и, если нет, то какие эквиваленты должны быть введены дополнительно в Р-часть соответствия для получения положительного ответа на этот вопрос.

В русско-болгарских (и болгарско-русских) словарях к данной Р (или Б) часто в роли эквивалентов приводятся лексические единицы, связанные между собой отношением пересечения или включения, и встает вопрос об их отнесении к ПС. Ограничение полей соответствия, подвергаемых анализу, в данном случае достигается за счет того, что отбираются ПС, построенные по принципу максимально точного лексического выражения значения исходной лексической единицы в сопоставляемом языке. Поэтому лексические единицы болгарского языка, выражающие значения исходной Р частично и при этом имеющие в русском языке более точные семантические эквиваленты, чем исходная Р, в данное ПС не включаются.

Например, приведенный в [РБР] в словарной статье к р. *уговаривать* болгарский глагол *убеждавам* имеет в русском языке аналог – *убеждать*. Как будто бы нет таких значений, которые объединяли бы б. *убеждавам* только с р. *уговаривать*, но не с р. *убеждать*, причем степень семантической эквивалентности между р. *убеждать* и б. *убеждавам* больше, чем между р. *уговаривать* и б. *убеждавам*. На этом основании в нашем случае в ПС к р. *уговаривать* не включается б. *убеждавам*. Оно рассматривается в ПС к р. *убеждать*. Аналогично решается вопрос и с приведенным там же глаголом б. *скланям*, которому в русском языке соответствует *склонять* и *склоняться*. С другой стороны, б. *придумвам* (в словарной статье к тому же слову) следует включить в ПС к р. *уговаривать*, если учесть, что это болгарское слово не имеет в русском языке семантически более близкого эквивалента, чем р. *уговариватъ*. То же касается и не указанного в данном словаре б. *кандърдисвам* (с указанием на разговорный характер приводится в одном синонимическом ряду с *уговарям* в болгарском синонимческом словаре – [Димитрова, Спасова 1980]), которое на том же основании, что и б. *придумам*, должно войти в ПС с р. *уговаривать*. Таким образом, получаем ПС р. *уговаривать* – б. *уговарям, придумвам, кандърдисвам*.

На таком же основании, например, р. *мыться* рассматривается как образующее СЭЛП с б. *мия се*. Глаголы б. *измивам се, умивам се, къпя се*, приведенные в [РБР] в словарной статье к р. *мыться*, в нашем случае включаются в ЛП с р. *умываться, вымываться, купаться* как более точными их семантическими эквивалентами.

Если у Б или Р есть синонимы, то они включаются в ПС при определенных условиях:

(1) Б имеет синонимы: Б$_1$, Б$_2$, ... Они включаются в ПС, если:

    а. Б$_1$ и Б$_2$ (Б$_3$ и т.д.) находятся в отношении семантической дополнительности к семантике Р, например:

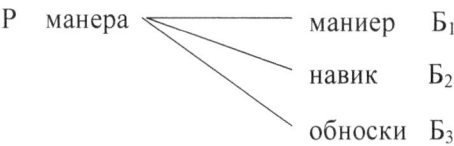

или

b. Б₁ и Б₂ (Б₃ и т.д.) семантически тождественны или Б₁ семантически включает Б₂ (Б₃ ...), а вместе с тем они являются эквивалентами к Р, одинаково соотносимыми именно с ним, не имеющим в русской лексике более точного семантического эквивалента. При этом Р образует СЭЛП с каждым из этих Б-эквивалентов или только с Б₁-членом исходной ЛП, и таким образом имеет место промежуточный тип ПС$^1_р$ (– СЭЛП). Например:

```
Р добавить ──────── добавя   Б₁
            ╲
             ╲──── притуря   Б₂
```

(2) Р имеет синонимы: Р₁ и Р₂ (Р₃ и т.д.). В ПС включаются те из них, которые

    a. находятся в отношении семантической дополнительности к семантике Б, например:

```
Р₁ велогонщик ──────── колоездач-състезател Б₁
Р₂    гонщик ─────────╱
```

или

    b. являются синонимами не к исходной Р₁, а к Р₂ (Р₃ и т.д.), частичному эквиваленту к Б. Например, в ЛП р. *мелкий* – б. *малък* эквивалентами к б. *малък* являются, в частности, р. *маленький* и р. *небольшой*, синонимичные как выразители малого количества; оба этих слова включаются в Р-часть ПС, построенного относительно ЛП р. *мелкий* – б. *малък*:

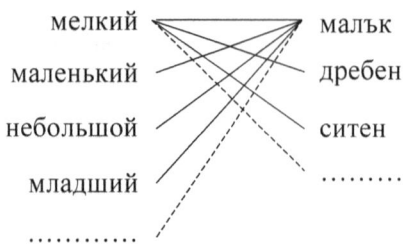

Синонимы же к исходной Р, образующие с Б больше одной СЭЛП, которые ведут к ПС (СЭЛП → ПС), в нашем случае (в С-анализе с отправным языком – русским) пока для упрощения задачи на данном этапе в ПС не включаются как избыточные с точки зрения семантической эквивалентности Б и Р. Так, в ПС с исходной Р *жена* и в ПС с исходной Р *муж* в их Р-части не входят соответственно слова *супруга* и *супруг*. Они должны появиться в ПС с исходной Б (*съпруга* и *съпруг*, *жена* и *мъж*) – при сопоставительном анализе в направлении от болгарского языка. На данном этапе они могут появиться как исходные образующие свои ПС.

Таким подходом к построению полей соответствия объясняется то обстоятельство, что разряд ПС←СЭЛП на данном этапе работы формируется только из $ПС^1_р$(←СЭЛП), а $ПС^1_б$(←СЭЛП) не представлено.

По той же причине на данном этапе анализа выявляются только такие $ПС^2$, в которых члены исходных ЛП находятся между собой в отношений семантического пересечения (преимущественно) или включения с включающем Б (если $Р_1$ образует две СЭЛП – с $Б_1$ и с $Б_2$, и при этом $Б_1$ семантически шире, чем $Р_1$, и $Б_1$ и $Б_2$ синонимы). Например:

$Р_1$ бескрайний ⤫ безкраен $Б_1$
$Р_2$ бесконечный ⤫ безконечен $Б_2$

Случаи включения в $ПС^2$ с включающим Р на данном этапе не рассматриваются.

Понятие поля соответствия сближается с понятием двуязычной ситуации (см. с. 34). По отношению к двуязычной ситуации ПС представляет ее часть. Поля соответствия, построенные на основе разных ЛП, имеющих, однако, синонимически сходные лексические единицы, входят в одну двуязычную ситуацию, например, р. *уговаривать* – б. *уговарям*, р. *убеждать* – б. *убеждавам*, р. *склонять* – б. *сканям* образуют разные ПС, которые вместе с тем принадлежат одной и той же двуязычной ситуации. Но данная двуязычная ситуация не исчерпывается ими. Состав лексических единиц, входящих в нее, зависит от широты охвата системных связей каждой лексической единицы в сравниваемых языках, и двуязычная ситуация в этом смысле относительна, подвижна: она может отражать разную степень глубины С-анализа. Частным, случаем отношения между ПС и двуязычной ситуацией является их совпадение.

2.3.12. Устанавливаемые на данном этапе сопоставления типы соответствия, выражающие результаты С-аспекта и Л-аспекта С-анализа лексических пар, с точки зрения отношений (а) семантической симметрии – асимметрии и (б) лексической симметрии – асимметрии в частях соответствия распределяются следующим образом:

(а)
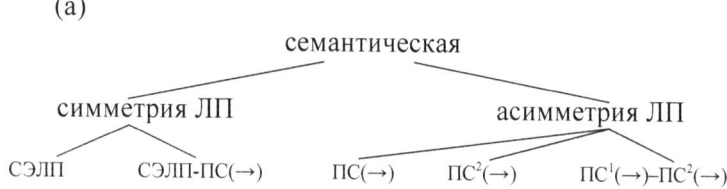

(б)
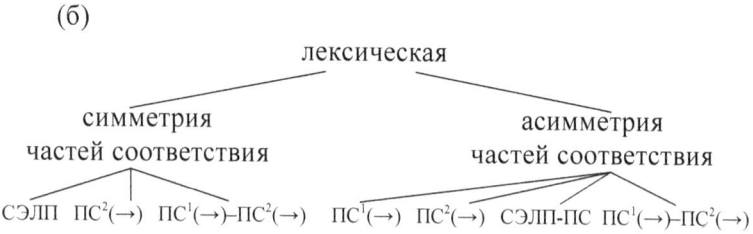

Учитывая оба признака и принимая за определяющее семантические отношения в ЛП, можно представить данные типы соответствий в таблице:

	семантическая симметрия ЛП	семантическая асимметрия ЛП
лексическая симметрия частей соответствия	СЭЛП (СЭЛП–ПС^2(→))	ПС^2(→) ПС^1(→)–ПС^2(→)
лексическая асимметрия частей соответствия	СЭЛП–ПС(→)	ПС$^1_р$(→) ПС$^1_б$(→) ПС^2(→) ПС^1(→)–ПС^2(→)

Как видно из таблицы, комбинация четырех показателей дает четыре группы соответствия Р и Б. По основному признаку – характеру семантического соответствия в ЛП – они образуют два класса. В каждом из них выделяются два разряда – по характеру лексического соответствия между Р- и Б-частями. В пределах этих разрядов распределяются типы соответствия Р и Б. ПС может быть закрытым или открытым, на что указывает стрелка в скобках. Тип СЭЛП–ПС^2(→) на данном этапе анализа не рассматривается, и поэтому в таблице он дан в скобках. В дальнейшем, с расширением задач сопоставительного описания, таблица должна дополняться и уточняться. Так, с включением в сферу анализа случаев семантического тождества исходной ЛП при условии синонимии не только в Б-части, но и в Р-части соответствия, тип СЭЛП–ПС(→) будет представлен в таблице в двух своих разновидностях: СЭЛП–ПС^1(→) и СЭЛП–ПС^2(→) при отношениях семантической симметрии в ЛП и лексической асимметрии в частях соответствия.

Итак, в процессе содержательного сопоставительного анализа выявляются два основных типа соответствия лексических единиц: СЭЛП и ПС. Образующие их русские и болгарские члены находятся между собой в отношении эквивалентности, являются эквивалентами.

2.3.13. Остановимся подробнее на семантических эквивалентах под углом зрения выражения эквивалентных отношений лексических единиц двух языков и представления этих отношений в сопоставительном описании лексики[11].

2.3.13.1. В плане сравнения языков принято различать полную и неполную эквивалентность, признавая, следовательно, что эквивалентность допускает градацию. Крайние, полярные точки соответствия единиц двух языков в данном случае – полная (абсолютная) эквивалентность и отсутствие эквивалентности (безэквивалентность, наличие лакуны). Между ними – промежуточные, переходные ступени, которые могут быть рассмотрены как в плане эквивалентности – с точки зрения убывания эквивалентности и приближения к безэквивалентности (т.е. к лакунам), так и в плане безэквивалентности (лакун) – с точки зрения убывания безэквивалентности и приближения к эквивалентности[12].

При сопоставлении лексической единицы одного языка с лексикой другого языка с целью найти в ней семантическое соответствие данной исходной единице встают, в частности, два вопроса: 1) Что соответствует данной лексической единице в системе лексики сопоставляемого языка? 2) Как характеризуется это соответствие с точки зрения эквивалентности – безэквивалентности.

При условии, что у лексической единицы есть в лексике сопоставляемого языка семантический эквивалент, это может быть один из (по крайне мере) следующих случаев наличия эквивалента. Для краткости используем сокращения: ЛЕ – лексическая единица, Яз-1 – исходный язык, Яз-2 – сопоставляемый язык, ЛЕ-1 – лексическая единица исходного языка, ЛЕ-2 – лексическая единица сопоставляемого языка, С – се-

---

[11] Об эквивалентной лексике как объекте попарного сопоставительного анализа см. с. 31–38.

[12] Об абсолютизации и релятивизации признаков в языке ср. [Михайлов 1982].

мема, С-1 и С-2 – семемы в ЛЕ-1 и ЛЕ-2 соответственно (ср. [Секанинова 1981]).

(1) ЛЕ-1 однозначна (моносемемна), в Яз-2 ей соответствует тоже ЛЕ.

$$\text{ЛЕ-1} \longrightarrow \text{С-1} \longrightarrow \text{С-2} \longrightarrow \text{ЛЕ-2} \qquad \text{ЛЕ-1} = \text{ЛЕ-2}$$

Здесь – симметрия семем и лексем (для простоты ограничимся случаем, когда ЛЕ=лексема) в Яз-1 и Яз-2. Между ЛЕ-1 и ЛЕ-2 – отношения прямого, линейного межъязыкового лексического соответствия. Это полные семантические эквиваленты. Для таких эквивалентов характерны отношения субституции. Например: р. *капля* – б. *капка*.

(2) ЛЕ-1 однозначна (моносемемна), в Яз-2 ей соответствует больше одной ЛЕ, которые при этом, однако, синонимичны между собой.

$$\text{ЛЕ-1} \longrightarrow \text{С-1} \longrightarrow \text{С-2} \begin{array}{c} \nearrow \text{ЛЕ}'\text{-2} \\ \searrow \text{ЛЕ}''\text{-2} \end{array} \qquad \text{ЛЕ-1} \begin{cases} = \text{ЛЕ}'\text{-2} \\ = \text{ЛЕ}''\text{-2} \end{cases}$$

Здесь тоже симметрия семем и лексем: ЛЕ-1 синоним по отношению как к ЛЕ′-2, так и ЛЕ″-2. Это тоже полные семантические эквиваленты. Например: р. *фасоль* – б. *фасул* и *боб*.

Как и в предыдущем случае, здесь представлена двусторонняя эквивалентность.

(3) ЛЕ-1 многозначна (полисемантична), в Яз-2 ей соответствует больше одной ЛЕ, каждая из которых эквивалентна ЛЕ-1 в одном из ее значений (в одной семеме).

$$\text{ЛЕ-1} \longrightarrow \begin{array}{c} \text{С}'\text{-1} \longrightarrow \text{С}'\text{-2} \longrightarrow \text{ЛЕ}'\text{-2} \\ \text{С}''\text{-1} \longrightarrow \text{С}''\text{-2} \longrightarrow \text{ЛЕ}''\text{-2} \end{array} \qquad \text{ЛЕ-1} \begin{array}{c} \rightarrow \text{ЛЕ}'\text{-2} \\ \searrow \text{ЛЕ}''\text{-2} \end{array}$$

Здесь – асимметрия лексем при симметрии семем. Это неполные семантические эквиваленты. Для таких эквивалентов характерны отношения дивергенции, или диверсификации. Например: б. *книга* – р. *книга* и *бумага*. Возможен вариант с синонимией у эквивалентов в Яз-2, но в данном случае это не принципиальное отличие. Например: р. *молния* – б. *мълния, светкавица*; *цип*.

(4) ЛЕ-1 однозначна, в Яз-2 ей соответствует ЛЕ-2, которая, в свою очередь, многозначна и имеет и другое значение, в котором ей уже не соответствует ЛЕ-1.

$$
\begin{array}{llllll}
\text{ЛЕ-1} & \to & \text{С-1} & \text{—} & \text{С-2} \to \text{ЛЕ-2} & \text{ЛЕ-1} \to \text{ЛЕ-2}\\
(\text{ЛЕ}'\text{-1}) & \to & \text{С}'\text{-1} & \text{—} & \text{С}'\text{-2} \leftarrow \hookleftarrow & (\text{ЛЕ}'\text{-1})
\end{array}
$$

Это случай односторонней эквивалентности. Наблюдаются отношения конвергенции. Неполные семантические эквиваленты. Например: р. *книга* – б. *книга* (– р. *бумага*).

Возможен вариант с полисемностью ЛЕ-1, при котором ЛЕ-1 и ЛЕ-2 эквивалентны только в одной из семем ЛЕ-1, но это в принципе картины не меняет.

(5) ЛЕ-1 однозначна или многозначна; в одном значении (одной семеме) этой ЛЕ-1 соответствует в Яз-2 больше одной ЛЕ-2, каждая из которых выражает не все, а только часть содержания семемы ЛЕ-1: одной семеме в ЛЕ-1 соответствует больше одной семемы в Яз-2.

$$
\begin{array}{lll}
\text{ЛЕ-1} \to \text{С-1} & \begin{array}{l}\text{С}'\text{-2} \to \text{ЛЕ}'\text{-2}\\ \text{С}''\text{-2} \to \text{ЛЕ}''\text{-2}\end{array} & \text{ЛЕ-1} \begin{array}{l}\to \text{ЛЕ}'\text{-2}\\ \to \text{ЛЕ}''\text{-2}\end{array}
\end{array}
$$

$$\text{С-1} = \text{С}'\text{-2} + \text{С}''\text{-2}$$

Здесь асимметрические отношения лексем дополняется асимметрическими отношениями семем. Неполные семантические эквиваленты. Например: р. *шея* – б. *шия* и *врат*; р. *жарить* – б. *пържа* и *пека*; б. *шейна* – р. *сани, салазки, розвальни, дровни, санки*; р. *корзина* – б. *кошница* и *кош*. Сюда относится и рассмотренные выше (с. 67–68) б. *буца* – р. *ком, комок* и *кусок*; б. *облегна се* – р. *облокотиться, опереться, прислониться*.

Здесь мы сталкиваемся с фактом широкозначности исходной ЛЕ-1 относительно Яз-2. ЛЕ-1 широкозначна в определенном значении, и в Яз-2 у нее имеются соответствия (два или более), каждое из которых только частично эквивалентно исходной ЛЕ-1 и только все эти частичные эквиваленты «в сумме» составляют семантический эквивалент (полный) данной ЛЕ-1.

К этому случаю соответствия примыкает и отсутствие гиперонима в одном из языков[13]. Например, слову р. *ягода* соответствуют в болгарской лексике только гипонимы (б. *ягода, малина, горска ягода, боровинка*, ...).

(6) ЛЕ-1 (однозначная или многозначная) в одной семеме имеет соответствие в Яз-2 больше чем в одной ЛЕ-2, причем семантически эти ЛЕ-2 соотносятся между собой так, что их семемы, в которых они эквивалентны ЛЕ-1, тождественны в своих парадигматических семах и различаются синтагматическими (определяющими валентную структуру слова, его сочетаемость и денотативную направленность).

```
ЛЕ-1  →  С-1 ——— С-2 ⤏ ЛЕ′-2       ЛЕ-1 ⤏ ЛЕ′-2
                     ЛЕ″-2              ЛЕ″-2
                     ЛЕ‴-2              ЛЕ‴-2
```

Асимметрия лексем в данном случае связана с различием в синтагматическом компоненте значения ЛЕ-1 и ЛЕ′-2 (ЛЕ″-2, ЛЕ‴-2). ЛЕ′-2, ЛЕ″-2 (ЛЕ‴-2...) являются также частичными эквивалентами относительно ЛЕ-1. Они могут быть интерпретированы как значения определенной лексической функции (лексического параметра). Например, в одном из своих значений болгарский глагол *оправя* называет действие, направленное на восстановление нормального (для определенного объекта) «правильного» состояния. Ему соответствует несколько русских глаголов: *оправить* (например, *постель, прическу*), *поправить* (*галстук, бант*...), *починить* (*часы, плитку*...), *наладить* (*дисциплину, отношения*...), *привести в порядок* (*комнату*...), *навести порядок* (*в комнате*...). Эти русские соответствия могут быть представлены как выражение лексического параметра со значением восстановления нормального состояния объекта. Они варьируют в зависимости от характера объекта, название которого выполняет роль ключевого слова при данной лексической функции.

И здесь полный эквивалент к ЛЕ-1 складывается из суммы его частичных эквивалентов в Яз-2.

---

[13] О гипонимическом типе лакун см. [Леонова 1984].

(7) ЛЕ-1 (однозначная или многозначная) в одной семеме имеет соответствие в Яз-2 больше чем в одной ЛЕ-2, причем данное семантическое содержание не «расщепляется» между этими ЛЕ-2, так чтобы они покрывали все это семантическое пространство полностью, при этом не «пересекаясь». Напротив, такие ЛЕ-2 семантически пересекаются, перекрывают друг друга частично, и при этом ни один из них не является полным эквивалентом исходной ЛЕ-1.

$$\text{ЛЕ-1} \rightarrow \text{С-1} \begin{array}{l} \text{С}'\text{-2} \rightarrow \text{ЛЕ}'\text{-2} \\ \text{С}''\text{-2} \rightarrow \text{ЛЕ}''\text{-2} \\ \text{С}'''\text{-2} \rightarrow \text{ЛЕ}'''\text{-2} \end{array}$$

Здесь наблюдается асимметрическое соответствие и лексем, и семем в Яз-1 и Яз-2.

$$\begin{array}{l} \text{ЛЕ-1} \rightarrow \text{ЛЕ}'\text{-2} \\ \phantom{\text{ЛЕ-1}} \searrow \text{ЛЕ}''\text{-2} \\ \phantom{\text{ЛЕ-1}} \searrow \text{ЛЕ}'''\text{-2} \\ \text{С-1} = \text{С}'\text{-2} + \text{С}''\text{-2} + \text{С}'''\text{-2} \end{array}$$

Полный эквивалент к ЛЕ-1 складывается из семантически пересекающихся ЛЕ′-2, ЛЕ″-2 (ЛЕ‴-2 ...), причем каждое из этих соответствий лишь приблизительно эквивалентно исходной ЛЕ-1.

Например, болгарское прилагательное *благ* в одном из своих значений называет человека, по характеру мягкого, спокойного, терпеливого и уступчивого, расположенного к людям и располагающего к себе. Это слово в этом значении не получает точного эквивалента в какой-либо русской лексической единице, и в этом оно сходно, например, с б. *буца*, рассмотренном выше (с. 67–68). Однако полного совпадения нет. Рассматриваемое здесь значение б. *благ* выражается по-русски такими словами, как *добрый*, *кроткий*, *тихий*, *ласковый*, *милый*, каждое из которых лишь приблизительно соответствует б. *благ*, отражая какой-нибудь аспект данной черты характера, причем эти слова как бы перекрываются, семантически пересекаясь и дополняя друг друга. Семантическое соотношение болгарской и русской частей соответствия здесь нельзя представить как семантическую симметрию, как тождество, правая часть которого в сумме образует полный эквивалент левой части, т.е. исходного слова, как это имеет место в случае (5). В отличие от **частичных эквивалентов** – в случае (5), здесь можно видеть **приблизительные эквиваленты** по отношению к исходному слову[14].

Приведем еще примеры приблизительных эквивалентов в русской и болгарской лексике.

Болгарское слово *самочувствие* в значении 'чувство, порождаемое достаточно высокой положительной самооценкой' имеет приблизительные эквиваленты в русском языке: *самоощущение, самоуважение, самоуверенность, самомнение, чувство собственного достоинства, чувство* ... (например, б. *самочувствие на стопанин* – р. *чувство хозяина*).

Болгарскому глаголу *преценя* в значении 'сделать заключение из некоторого факта, оценив его с разных сторон соответствуют приблизительно эквивалентные р. *решить* (что...), *понять* (что...), *счесть* (что...), *прийти к выводу* (что...). Русскому слову *досада* в одном из его значений приблизительно эквивалентны б. *недоволство, раздразнение, яд* (см. [Червенкова 1987в]).

Во всех приведенных примерах неполная – приблизительная – эквивалентность связана с широкозначностью исходной ЛЕ.

Такие эквиваленты могут различаться собственно семантическим компонентом (как, например, приведенные Р-эквиваленты к б. *благ*) или прагматическим компонентом значения[15].

Например, различие внутренней формы слова имеет место в Б-эквивалентах к р. *захватить* (*X захватил Y-а* ≈ 'X вследствие сильного воздействия на У-а стал главным объектом внимания У-а') – в б. *грабна, завладея, увлека*. Означая разные моменты (фазы) ситуации, Б-эквиваленты имеют разные внутренние формы.

---

[14] О подобного рода эквивалентах как о приближенных ср. [Фельдман 1957а: 102].
[15] Ср. «стилистические лакуны» в [Леонова 1984].

Итак, отмеченные семь случаев семантической эквивалентности лексических единиц включают полные и неполные эквиваленты. Случаи (3) – (7) объединяются отношением односторонней эквивалентности. Среди этих неполных эквивалентов выделяются три типа:

- **частичные эквиваленты**, представленные случаями (3) и (4); отношения асимметрии в лексике Яз-1 и Яз-2 связаны с многозначностью (в ЛЕ-1 и ЛЕ-2 или только ЛЕ-2). Обозначим их сокращением ЧЭЛ′;
- **частичные эквиваленты**, представленные случаями (5) и (6); отношения асимметрии в лексике Яз-1 и Яз-2 связаны с широкозначностью в ЛЕ-1. Обозначим их ЧЭЛ″;
- **приблизительные эквиваленты**, представленные случаем (3); отношения асимметрии в лексике Яз-1 и Яз-2 связаны с широкозначностью в ЛЕ-1. Обозначим их сокращением ПЭЛ.

Обратим внимание, что два последних типа связаны с явлением широкозначности лексической единицы.

Таким образом, сравнивая ЛЕ-1 как единицу лексической системы Яз-1 с ее семантическим соответствием в лексической системе Яз-2, получаем – в ответ на первый поставленный выше вопрос (с. 104–105) четыре типа (по крайней мере; возможны и другие) семантических эквивалентов: полные и неполные; среди последних различаются два типа частичных (ЧЭЛ′ и ЧЭЛ″) и приблизительные эквиваленты.

2.3.13.2. Выделенные типы эквивалентов – назовем их системными – получают неоднозначную интерпретацию с точки зрения отношений эквивалентности – безэквивалентности. В частности, они неодинаково оцениваются в этом аспекте в переводоведении и сопоставительной лингвистике. Это обусловлено спецификой задач каждой из этих областей знания, связанных с понятием эквивалента.

2.3.13.2.1. С точки зрения задач перевода можно выделить два случая семантических эквивалентов, обозначив их как (1) точные и (2) неточные. Сравнение показывает, что переводческие точные эквиваленты «покрывают» область полных и частичных системных эквивалентов, а переводческие неточные – совпадают с системными приблизительными. Причина этого понятна. Перевод связан с актуализацией языковых средств, снимающих (разрешающих) неоднозначность, также широкозначность в ЛЕ. Поэтому частичные системные эквиваленты вместе с тем оказываются точными переводческими эквивалентами.

Заметим, однако, что широкозначность не всегда допускает точный переводческий эквивалент на лексическом уровне. В случае широкозначности ЛЕ-1, ведущей к частичному эквиваленту типа ЧЭЛ″, при актуализации в переводе (т.е. на уровне речи) «достаточен» один из эквивалентов, и, следовательно, здесь ЧЭЛ″ дает точный эквивалент в переводе. Например, перевод р. *ягода* как б. *боровинка* в определенном тексте. Но при необходимости перевести по-болгарски р. *ягода* именно как гипероним (как имя родового понятия) подобного «разрешения» не происходит. Как отмечает С.Влахов, с точки зрения задач перевода возникает вопрос о близости недифференцированной (широкозначной) лексики и собственно безэквивалентной лексики: «Часто недифференцированное слово практически лишено эквивалента: например, как перевести на болгарский язык текст, в котором употреблены глаголы *идти* и *ехать* [Влахов 1978: 66].

Что касается перевода широкозначной ЛЕ, ведущей к появлению в лексике Яз-2 системного приблизительного эквивалента (ПЭЛ), то ни один из этих ПЭЛ не является точным переводческим эквивалентом в данном случае, и для получения адекватного перевода такой приблизительный эквивалент должен получить «поддержу» посредством какой-нибудь переводческой компенсации. В результате оригинальный и переводной тексты эквивалентны, и с точки зрения задач перевода проблема эквивалента решена.

Таким образом, с точки зрения отношений эквивалентности – безэквивалентности выделенные два типа переводческих семантических соответствий – точные и неточные (= приблизительные) – относятся в переводоведении к области эквивалентных отношений.

2.3.13.2.2. Рассматривая выделенные типы системных семантических эквивалентов с точки зрения отношений эквивалентности – безэквивалентности с позиций задач сопоставительного описания лексики двух языков исходим из того, что основанием для сравнения ЛЕ-1 в лексике Яз-2 служит семантическая единица – семема (1) или ее компонент сема (2).

Сопоставительный анализ лексики на уровне семемы

```
              Яз-1                    Яз-2
   ЛЕ-1   →    семема-1    →      ?
```

приводит к разграничению трех возможностей.

(1) Семантическое содержание семемы, выраженное в ЛЕ-1, выражено и в ЛЕ-2. ЛЕ-1 и ЛЕ-2 эквивалентны.

```
   ЛЕ-1   →    семема-1    →    ЛЕ-2
```

Этому соответствуют системные полные и частичные эквиваленты, связанные с многозначностью, типа ЧЭЛ′.

(2) Семантическое содержание семемы, выраженное в ЛЕ-1, не находит выражения в лексике Яз-2. ЛЕ-1 безэквивалентна относительно лексики Яз-2. Это область собственно безэквивалентной лексики (БЭЛ).

```
   ЛЕ-1   →    семема-1    →    ∅
```

(3) Семантическое содержание семемы, выраженное в ЛЕ-1, не находит в лексике Яз-2 выражения полного (полностью) в отдельной ЛЕ, однако неполное выражение – находит, и в этом отличие (2).

```
   ЛЕ-1   →    семема-1    →    ЛЕ′-2, ЛЕ″-2,…
```

Этому соответствуют системные неполные эквиваленты, связанные с широкозначностью, типа ЧЭЛ″ и ПЭЛ.

Оценивая данный вид соответствия, его следует квалифицировать как факт безэквивалентности, и включать ЛЕ-1 в область безэквивалентной лексики относительно лексики Яз-2 – имея в виду уровень семемы как основание в сопоставлении. У ЛЕ-1, с одной стороны, и каждого из ее приблизительных эквивалентов в Яз-2, с другой, семемы не тождественны.

Таким образом, выделяется безэквивалентная лексика особого рода, которой соответствуют системные неполные эквиваленты типа ЧЭЛ″ и ПЭЛ, и которую можно условно обозначить как БЭЛ′ (ее составляют ЧЭЛ″) и БЭЛ″ (ее составляют ПЭЛ).

Итак, отсутствие в сопоставляемом языке лексической единицы, которая выражала бы данное значение (семему) лексической единицы исходного языка, служит основанием для выделения безэквивалентной лексики особого рода, в которой можно различать (по крайне мере) две разновидности – в зависимости от характера выражения семантики лексической единицы исходного языка в лексике сопоставляемого языка. В одном случае в сопоставляемом языке имеем частичные эквиваленты данной исходной лексической единицы, как бы распределяющие между собой семантику исходной лексической единицы и составляющие ее «коллективный» эквивалент. В другом случае в сопоставляемом языке имеются лексические единицы, семантически близкие, пересекающиеся, каждая из которых представляет собой лишь приблизительный эквивалент данной исходной лексической единицы.

Заметим при этом, что если по аналогии со степенью эквивалентности говорить о степени безэквивалентности, то БЭЛ′ и БЭЛ″ по степени безэквивалентности не одинаковы: во втором случае (БЭЛ″) степень безэквивалентности представляется большей. Приблизительные эквиваленты дальше от полных эквивалентов, чем частичные. Такой оценке соответствует квалификация ЧЭЛ″ и ПЭЛ с точки зрения переводческих задач: первые (они составляют БЭЛ′) относятся к точным переводческим эквивалентам, а вторые (они составляют БЭЛ″) – к неточным (приблизительным) переводческим эквивалентам.

2.3.13.3. Сопоставительный С-анализ лексики на уровне компонента семемы – семы – позволяет выявить случаи неполной эквивалентности в пределах семемы в ЛЕ-1 и ЛЕ-2, когда семема-1 (ЛЕ-1) и семема-2 (ЛЕ-2) имеют тождественные и нетождественные компоненты. Возможны варианты, обусловленные отношением семантического включения или пересечения между ЛЕ-1 и ЛЕ-2.

В сущности, такого рода семантическое соотношение наблюдается у приблизительных эквивалентов: совпадение части компонентов семемы в ЛЕ-1 и семемы каждого из ее приблизительных эквивалентов, составляющих вместе полную семантическую эквивалентность по отношению к ЛЕ-1.

Отсутствие полной эквивалентности лексических единиц в пределах семемы наблюдается, кроме того, и в том случае, когда у ЛЕ-1 нет в лексике Яз-2 ни полных, ни частичных, ни приблизительных эквивалентов и вместе с тем есть в ней ЛЕ-2, семема которой в части своих компонентов совпадает с семемой в ЛЕ-1. В данном случае для достижения полного эквивалентного соответствия ЛЕ-1 в Яз-2 необходимо выйти за пределы лексического уровня. В роли эквивалента при этом может выступить описательное выражение. Например, р. *описка* – б. *писмена грешка, допусната случайно (по невнимание)*. По-видимому, такого рода соответствия следует относить к области собственно безэквивалентной лексики в ситуации сопоставления двух языков.

Сопоставительный анализ лексических единиц двух языков и с точки зрения семного состава их семем показывает, что картина семантической эквивалентности в лексике не изменяется по сравнению с тем, как она представлена на базе анализа лексических единиц с точки зрения их семемного состава и что в качестве метаязыкового соответствия в лексике сопоставляемого языка может быть:

- **полный эквивалент**
- **частичный эквивалент**, связанный с многозначностью исходной лексической единицы (ЧЭЛ′)
- **частичный, эквивалент**, связанный с широкозначностью исходной лексической единицы (ЧЭЛ″)
- **приблизительный эквивалент** (ПЭЛ)
- **отсутствие эквивалента**.

Таким образом, сопоставительный семантический анализ позволяет дифференцировать понятие неполного эквивалента, выделяя среди неполных эквивалентов в лексике, по крайней мере, отмеченные три вида: ЧЭЛ′, ЧЭЛ″, ПЭЛ.

2.3.13.4. С указанными видами неполных эквивалентов в некоторой мере соотносятся эквиваленты, выделяемые в работах по лексикографии, теории перевода, сопоставительному исследованию лексики.

Так, Н.И.Фельдман, выделяя частичные эквиваленты (им соответствуют наши ЧЭЛ′ и ЧЭЛ″) и связанные эквиваленты («обусловленные контекстом различные переводы слова, значение которого в этих контекстах остается постоянным» [Фельдман 1957а: 15]; такие эквиваленты включены нами е ЧЭЛ″ и могут быть описаны с помощью лексических функций), отмечает также приближенные эквиваленты, значения которых «слиты в одном значении слова-оригинала, которое ... однородно им, если они сами по значению частично совпадают друг с другом» [Фельдман 1957б: 192][16].

Наличие соответствий, связанных с широкозначностью исходной лексической единицы, обнаруживаемых при переводе, отмечает Х.Леэметс, выделяя как особую ситуацию при переводе заглавного слова в двуязычном словаре, когда у исходного слова есть несколько эквивалентов, «и каждый из них покрывает объем переводимого смысла лишь частично. В таком случае эквиваленты выстраиваются в синонимический ряд (синонимия при этом не всегда является полной), в котором иногда удается вычленить основной эквивалент, т.е. по объему наиболее близкий к заглавному слову, и тогда он становится на первое место, но подчас это бывает затруднительно... В подобных случаях значение заглавного слова как бы растворено в целом ряде слов-эквивалентов выходного языка и полностью может быть охвачено лишь суммой эквивалентов [Леэметс 1984: 203]. Если здесь не иметь в виду простое сложение, прибавление эквивалентов, то этот случай сходен с нашими приблизительными эквивалентами.

---

[16] В качестве примера приводится япон. *урами*, которому соответствует в русском *горечь*, *досада*, *злоба*. Как кажется, здесь имеется в виду случай, определяемый нами как приблизительная эквивалентность.

В связи с явлением широты, недифференцированности семантики слова вопрос о неполных эквивалентах, совпадающих с типом ЧЭЛ″, рассматривает В.Г.Гак [Гак 1960].

Среди эквивалентных соответствий – в рамках теории перевода – Я.И.Рецкер различает, с одной стороны, эквиваленты: полные или частичные, абсолютные и относительные; два последних типа связаны с экспрессивной и стилистической характеристикой сравниваемых единиц; частичные эквиваленты соответствуют нашему типу ЧЭЛ′. И, с другой стороны, вариантные соответствия, вариантные соответствия «устанавливаются между словами в том случае, когда в языке перевода существует несколько слов для передачи одного и того же значения исходного слова» [Рецкер 1974: 14]. Слово исходного языка по своему значению определяется в данном случае как недифференцированное, обозначающее широкое понятие, которое в языке перевода не охватывается одним словом. Тем самым учитывается широкозначность в плане эквивалентности в лексике. Приведенные автором примеры дают основание полагать, что имеются в виду случаи типа ЧЭЛ″.

Устанавливаемые И.И.Ревзиным и В.Ю.Розенцвейгом условные и вероятностные соответствия [Ревзин, Розенцвейг 1964: 127–128] также соотносятся скорее с ЧЭЛ″. Пример условного соответствия *jambe* (часть ноги от ступни до колена) и *pied* (ступня) во французском языке и *нога* в русском языке. Вероятностным авторы называют «такое соответствие, при котором единице перевода в ИЯ соответствует несколько переводов в ПЯ, принципиально не сводимых друг к другу, причем для каждого из переводов нельзя указать разумно ограниченный контекст, который его однозначно определяет, а можно указать лишь некоторую вероятность того, что будет избран тот или иной перевод» [Ревзин, Розенцвейг 1964: 128]. Например: р. *беседа* – фр. *causerie* (дружеская беседа), *entretien* (деловая беседа).

Опыт классификации эквивалентных соответствий при сопоставительном исследовании лексики на основе семантического анализа лексических единиц, входящих в определенные лексические системы, находим у И.А.Стернина [Стернин

1989а; 1989б]. Вопрос о градации (степени) эквивалентности и основанном на этом выделении типов эквивалентов, в сущности, переносится автором на межъязыковые соответствия в лексике. Основным для автора является понятие межъязыкового лексического соответствия; эквивалент – его частный случай, который противопоставлен переводному соответствию. Критерием их дифференциации является соотношение между семантическими компонентами исходной лексической единицы и ее лексического соответствия в сопоставляемом языке. Под лексическими эквивалентами понимаются два слова разных языков, максимально совпадающие по составу сем, составляющих их значение. Переводными соответствиями считаются два слова разных языков, имеющие сходство в семном составе и регулярно использующиеся при переводе [Стернин 1989б: 44]. При сравнении принимаются во внимание семы ядерные, коннотативные и функциональные. Их совпадение в лексических единицах двух языков дает лексические эквиваленты. Если какое-нибудь из этих условий не удовлетворяется, лексические единицы рассматриваются как переводные соответствия.

В данном подходе к решению вопроса об эквивалентах разделяем опору на компонентный характер семантики лексических единиц и в этом смысле – стремление к строгости, точности в сопоставлении лексики с точки зрения «содержания», а также разграничение соответствий по степени того общего, что есть в значении лексических единиц двух языков, вместе с тем само это разграничение представляется не вполне последовательным. Во-первых, не ясен «объем» понятий «максимальное совпадение» и «сходство», граница между максимальным совпадением и сходством в данном случае. Во-вторых, к собственно системному критерию (семный состав значений слов) добавляется признак из области переводоведения (регулярное использование слова при переводе), существенный с точки зрения перевода.

Сравнение выделяемых нами видов эквивалентов в лексике с видами эквивалентов в указанных выше работах показывает, что между ними нет противоречия. В проводимой здесь дифференциации неполной эквивалентности исходим из того, что такая дифференциация, – основанная на учете, с одной стороны, характера семантики исходной лексической единицы (многозначность или широкозначность) и, с другой стороны, семантического соотношения между ее эквивалентами в сопоставляемом языке в плане их семантического соотношения с исходной лексической единицей, – которая имела своим следствием выделение трех видов неполных семантических эквивалентов, дает возможность детальнее изучить эквивалентные отношения в лексике.

Принципиальное различие между частичными (типа ЧЭЛ′ и ЧЭЛ″) и приблизительными эквивалентами представляется ясным. Вместе с тем, однако, решение вопроса о характере эквивалентного соответствия в каждом конкретном случае, относительно каждой лексической единицы оказывается непростой задачей, которая может решаться только в результате сопоставительного семантического анализа компонентной структуры исходной лексической единицы и ее потенциальных (предполагаемых) эквивалентов. Соотношение между семантическими компонентами у частичных эквивалентов, с одной стороны, и у приблизительных, с другой, относительно семантики исходной лексической единицы различно. Чтобы продвинуться в решении вопроса о межъязыковых соответствиях в лексике, необходим семантический сопоставительный анализ большого конкретного материала[17].

2.3.13.5. Итак, выявление эквивалентности, поиск эквивалента лексической единицы и его выражение (представление) составляет центральную задачу сопоставления в лексике. Эта задача решается с различной степенью сложности в зависимости от характера межъязыкового соответствия.

Выражение (представление) межъязыкового соответствия в процессе С-анализа как результат его семантико-лексического аспекта является наиболее простым в первой и последней из указанных возможностей (с. 114). В первой это лексическая единица (лексема или составное наименование:

---

[17] О некоторых наблюдениях автора над русско-болгарскими лексическими парами в семантическом плане см. [К сопоставительному описанию…].

р. *карандаш* – б. *молив*, р. *грязи* – б. *минерална кал*). В последнем – описательное выражение, «заполняющее» лакуну в лексике сопоставляемого языка и выражающее сигнификативное содержание исходной лексической единицы. Такое **описательное выражение** (сокращенно Оп) формулируется на сопоставляемом языке, к которому оно и принадлежит, представляя собой эквивалентное соответствие исходной лексической единице на синтаксическом уровне. Поэтому описательное выражение, появляющееся в Б-части соответствия, формулируется на болгарском языке, а в Р-части – на русском. Например, р. *фонарь* в одном из своих значений получает описательное соответствие – б. *синина под окото от удар*; б. *скица* в одном из значений – р. *план расположения мест в театре*.

Не вызывает затруднений и решение вопроса о подаче эквивалентов в случае частичной эквивалентности типа ЧЭЛ′. В роли частичных эквивалентов в общем случае здесь выступают лексические единицы, выражающие в сопоставляемом языке определенные семемы исходной лексической единицы.

Что касается выбора способа выражения (представления) факта безэквивалентности особого рода, то ситуация здесь более сложная.

В сопоставительном семантическом описании лексики такая неполная эквивалентность (рассматриваемая как безэквивалентность особого рода – на уровне семемы) должка быть выделена, обособлена.

С этой целью в аппарат сопоставительного описания вводится специальное **метаязыковое описательное выражение**, которое строится на основе толкования исходной лексической единицы, эксплицирующем семему данной исходной лексической единицы. В записи соответствия к исходной лексической единице такое метаязыковое описательное выражение (сокращенно МОп) сопровождается имеющимися в сопоставляемом языке неполными эквивалентами типа ЧЭЛ″ и ПЭЛ.

Такая подача соответствия позволяет показать специфику семантики исходной лексической единицы и особенности характера имеющихся у нее эквивалентов в сопоставляемом языке – в отличие от полных и частичных типа ЧЭЛ′.

Следовательно, в нашем сопоставительном описании русских и болгарских лексических единиц метаязыковое описательное выражение – МОп – вводится тогда, когда в лексике сопоставляемого языка нет точного эквивалента для исходной лексической единицы в данном ее толковании, но вместе с тем имеются некоторые неполные эквиваленты, которые обеспечивают актуализацию в речи смысла исходного слова и входят в область его (более или менее точных) переводных соответствий[18]. МОп выражает сигнификативное содержание исходной лексической единицы, но не принадлежит сопоставляемому языку. В общем случае оно совпадает с толкованием и формулируется на принятом в описании метаязыке, в нашем случае русском.

В записи соответствия МОп сопровождается неполными эквивалентами типа ЧЭЛ″ или ПЭЛ. В случае ЧЭЛ″ (частичные эквиваленты обусловлены широкозначностью исходной лексической единицы), как эквивалентное выражение семемы исходной лексической единицы, устанавливаемое в процедуре сопоставления, сопровождается лексическими единицами сопоставляемого языка, которые как бы членят семему исходной лексической единицы вместе, «в сумме» выполняя роль полного эквивалента по отношению к исходной единице в данном случае (в данной семеме). Например, р. *жарить* – в значении 'приготавливать некоторые продукты в пищу, подвергая их действию жара без воды' в сопоставительном описании получает в болгарской части соответствия МОп и частичные эквиваленты: *пържа* ('… в сильно разогретом масле, без воды') и *пека* ('…не в масле (без масла) и без воды'), по данным [МАС] и [РСБКЕ]. Еще пример: р. *суд* в одном из значений получает метаязыковое описание 'оценка Х-ом события или факта У', которое сопровождается его частичными эквивалентами б. *преценка, мнение, становище* (*суд публики, суд, суд критики* и т.д.). С другой стороны, в случае приблизительных эквивалентов (ПЭЛ) подобное распределение содержания семемы исходной лексической единицы оказывается невозможным. Например, р. *нестись* в одном из значений

---

[18] Ср. о выражении «актуального смысла слова» в [Стернин 1981].

получает в Б-части соответствия метаязыковое описание 'быстро перемещаться' с такими приблизительными эквивалентами, как б. *летя, хвърча, тичам*, которые семантически пересекаются, перекрываются, причем каждый из них в большей или меньшей мере семантически близок к исходной русской лексической единице.

В нашем попарном сопоставительном описании лексики, в котором семантическое содержание лексических единиц представлено толкованиями, причем эти толкования могут эксплицировать семему или только часть семемы (с. 20–21), при наличии частичных эквивалентов типа ЧЭЛ″ применяется расщепление толкования на два или более так, что каждому из них соответствует свой частичный эквивалент в сопоставляемом языке. Следовательно, в таком случае в записи соответствия данной лексической единице МОп не появится. При этом запись соответствий типа ЧЭЛ′ и ЧЭЛ″ не различается.

В том случае, однако, когда у исходной лексической единицы имеются в сопоставляемом языке только приблизительные эквиваленты, т.е. неполные эквиваленты типа ПЭЛ, в записи соответствия МОп оказывается необходимым.

Это значит, что, например, приведенное выше значение р. *жарить* должно быть представлено в нашем описании двумя толкованиями, каждому из которых в качестве его лексического выражения в болгарском языке приводится свой эквивалент:

X жарит У

Р		толкование	Б
жарить	(1)	'Х приготавливает продукты У для еды, подвергая их действию жара в сильно разогретом масле без воды'	пържа
-″-	(2)	'Х приготавливает продукты У для еды, подвергая их действию жара не в масле (без масла) и без воды'	пека

С другой стороны, р. *нестись* должно быть представлено примерно так:

X несется по У-у

Р	толкование	Б
нестись (1)	'X движется, очень быстро перемещаясь по У-у'	МОп

МОп – 'быстро перемещаться': *летя, хвърча, тичам, препускам, ...*

Подчеркнем еще раз (см. с. 73), что представленное в случае с р. *жарить* расщепление толкования, используется как рабочий прием, подчиненный целям данного сопоставительного описания[19].

Вместе с тем, однако, словарных данных – как основной базы для анализа на настоящем этапе сопоставительного описания – невсегда оказывается достаточно, чтобы определить характер (тип) неполной эквивалентности лексических единиц. В частности, следует ли данную лексическую единицу рассматривать как частичный эквивалент типа ЧЭЛ″ или как приблизительный эквивалент и есть ли основание, следовательно, вводить МОп в запись соответствия. На данном этапе работы в неясных случаях (выявлен ли «список» эк-

---

[19] В свою очередь, целям двуязычной лексикографии, как представляется, соответствует использование подобного метаязыкового описания как в случае с ПЭЛ, так и в случае с ЧЭЛ″. (Ср.: об экспликации семантики исходного слова в двуязычном словаре в: [Фельдман 1957б], [Берков 1977], [Сукаленко 1976], [Апресян 1979].) Тогда р. *жарить*, например, в русско-болгарском словаре должно быть представлено метаязыковым описанием его значения в русском языке, а затем его частичными эквивалентами с указанием той части этого МОп, которая соответствует каждому из этих эквивалентов. Такая организация словарной статьи двуязычного словаря, как кажется, лучше раскрывает характер межъязыковой эквивалентности в случае широкозначной исходной единицы и в большей мере отвечает целям словаря активного типа, чем традиционные двуязычные словари.

вивалентов, «покрывающих», «распределяющих» семантику исходной лексической единицы в данном ее значении, что позволило бы видеть в данном случае частичную эквивалентность типа ЧЭЛ″, или нет) используется МОп.

Следует иметь в виду, что МОп может сопровождаться не только лексическими единицами (приблизительно эквивалентными исходной), но и описательными выражениями. Заметим в связи с этим, что символ МОп «скрывает» в себе и сочетания (описания), которые приводятся обычно в двуязычных словарях через запятую в качестве переводных эквивалентов к соответствующему исходному слову. В этом одно из различий между словарными данными, которые используются нами при анализе материала, и результатами проводимого сопоставления на данном его этапе.

Частным случаем МОп являются символы лексических функций. Представляется целесообразным некоторые лексически ограниченные соответствия описывать как значения соответствующих лексических функций. Например, р. *идти* в одном из значений описывается как реализация лексического параметра Func ('функционировать'), который при болгарских эквивалентах таких слов, как *время, дождь, спор* выражается по-разному, разными лексическими единицами (*върви, вали, тече* и т.д.). Такие лексические единицы не вводятся в ПС к *идти*; в ПС включается соответствующий параметр (конкретная реализация которого раскрывается при описании лексической сочетаемости членов исходной ЛП, образующей данное ПС). Еще пример: р. *нести* в одном из толкований получает в Б-части ПС в качестве соответствия символ лексического параметра Labor (р. *нести потери, урон* – б. *търпя загуби*, р. *нести ответственность* – б. *нося отговорност*, р. *нести наказание* – б. *понасям наказание*, р. *нести расходы* – б. *поемам разходи* и т.д.).

Итак, в процедуре попарного сопоставительного анализа русских и болгарских лексических единиц – как результат анализа в его Л-аспекте на определенном шаге – возможно:

- слово (Б или Р соответственно);
- сочетание слов как расчлененное наименование (ББ или РР);

- описательное соответствие (Оп) – выражение сопоставляемого языка (русского или болгарского) как эквивалент (исходной лексической единице) на синтаксическом уровне;
- метаязыковое описательное выражение (МОп), формулируемое на русском языке как метаязыке данного сопоставительного описания и сопровождаемое выявленными (на данном этапе) неполными эквивалентами.

Глава 3

ФОРМАЛЬНО-СЕМАНТИЧЕСКИЙ АНАЛИЗ РУССКО-БОЛГАРСКИХ ЛЕКСИЧЕСКИХ ПАР. СОПОСТАВИТЕЛЬНАЯ КАРТОТЕКА ЛЕКСИЧЕСКИХ ПАР

В плане решения задачи сопоставительного описания современной русской и болгарской лексики, имеющего целью выявить конкретные формы проявления и меру лексической близости русского и болгарского языков, на основе принципов и методики попарного сопоставительного анализа русских и болгарских лексических единиц, описанных в Главе 1, исследована некоторая часть лексики этих языков. Основной формой реализации этого исследования на первом этапе работы явилась специальная сопоставительная картотека Р-Б лексических пар, которая создавалась в процессе анализа материала.

Картотека включает информацию о формальном и о содержательном (семантическом и семантико-лексическом) соответствии определенного корпуса русских и болгарских лексических единиц, образующих лексические пары, и содержит конкретные данные о формах и мере близости русского и болгарского языков. Она содержит материал для изучения русского и болгарского языков в их сопоставлении в разных аспектах, с разных точек зрения. Данная картотека формируется как своего рода банк данных, который «хранит» материал для сопоставительных исследований в области лексики, а также морфологии, словообразования, фонологии, фонетики, графики и орфографии и который подлежит пополнению и расширению.

Данная сопоставительная картотека, не являясь собственно словарной, вместе с тем рассматривается как форма подготовки (как определенный шаг) к созданию русско-болгарских словарей (разных видов).

Сопоставительная картотека может быть использована и как источник, интересный с точки зрения лингвометодической, в практике преподавания.

Сопоставительную картотеку составляют:

1. Картотека результатов сопоставительного анализа (основная картотека). Она состоит из двух частей, отражающих результаты а) формального и б) содержательного аспектов попарного сопоставительного анализа Р и Б (ФСА-картотека и ССА-картотека). Материал в них расположен в алфавитном порядке (по исходному – русскому – слову).

2. Картотека лексических пар, содержащая краткую информацию о результатах сопоставительного анализа в виде символических записей. Картотека ЛП состоит из четырех частей, каждая из которых включает результаты Ф-анализа и С-анализа. В одной из них материал расположен в алфавитном порядке. В двух других – по типам соответствия, установленным в процессе а) Ф-анализа и б) С-анализа. В четвертой, представляющей собой соединение результатов С-анализа и Ф-анализа, ЛП расположены по типам С-соответствия, в пределах каждого из которых материал распределен, в свою очередь, по типам Ф-соответствия. Такое дублирование картотеки удобно в работе над материалом.

3.1. Картотека формального аспекта сопоставления русско-болгарских лексических пар[20]

Формальный аспект сопоставления русского (Р) и болгарского (Б) слов представляет собой сравнение лексических пар Р и Б по типу номинации, принадлежности к определенному лексико-грамматическому классу, морфемному составу, грамматическим категориям, представленным в обоих языках, акцентологическим характеристикам, различиям в фонемном (отчасти фонетическом) составе и написании.

Формальное сопоставление по каждому из указанных признаков предполагает оценку степени соответствия. Для оценки используются три типа логических отношений, обозначаемых условными знаками: тождество «≡», пересечение «∩», непересечение, или отсутствие сходства «Ø». Знак тождества, взятый в круглые скобки «(≡)» указывает на тождество, определяемое отсутствием сравниваемых признаков в основах Р и Б. Кроме указанных, используются также следующие знаки и сокращения:

- РР, ББ – расчлененная номинация (соответственно для русского и болгарского языков);
- Оп – описательное выражение
- Сл.Р, Сл.Б – сложное слово (соответственно для русского и болгарского языков)
- С – существительное;
- П – прилагательное;
- Г – глагол;
- Н – наречие;
- «+» – знак, указывающий на наличие признаков;
- «–» – знак, указывающий на отсутствие признаков;
- осн. – основа;
- кор. – корень;
- суф. – суффикс;
- ин. – интерфикс;
- преф. – префикс.

---

[20] См. [СОРБЛ 1984: 160–167].

При морфемном анализе исходной словоформы используются следующие графические знаки:
- «⌒» – корень;
- «—» – основа;
- «∧» – суффикс;
- «∧» – интерфикс;
- «¬» – префикс;
- « ⌐» – постфикс.

Используются также знаки фонематической « < > » и фонетической « [ ] » транскрипции, римские и арабские цифры.

На карточке записи результатов анализа последовательно на первом месте приводится информация относительно русского слова и на втором месте относительно болгарского.

Картотека результатов формального аспекта сопоставления Р и Б состоит из карточек, каждая из которых содержит информацию относительно одной Р-Б ЛП.

3.1.1. Карточка формального аспекта сопоставления Р-Б оформлена следующим образом.

В верхней части карточки записана анализируемая ЛП. В верхней левой части карточки отмечен картотечный номер данной ЛП, а также соотношение по типу номинации и по принадлежности к лексико-грамматическому классу.

Основная информация записана в таблице, состоящей из 10 граф: в 1–4 отмечаются соответствия в морфемном составе основ Р и Б; в 5–7 – соответствия в отдельных грамматических категориях и лексико-грамматических разрядах; в 8-ой – соответствие по месту ударения; в 9-ой – соответствие в фонемном (фонетическом) составе; в 10-ой – соответствие в написании.

В первой строке основной таблицы обозначаются соответствия по основным группам признаков: I – морфематическим, II – грамматическим, III – акцентологическим и фонетическим, IV – графическим и орфографическим.

Во второй строке арабскими цифрами обозначаются графы, каждая из которых соответствует одному из аспектов (параметров), по которым проводится сопоставление Р и Б. Аспекты 1–4, 8–10 предполагают сравнение по компонентам, одинаковым для всех классов слов. Аспекты 5–7 для каждой части речи предполагают свой набор сопоставляемых признаков.

В третьей строке таблицы записываются только условные знаки, характеризующие наличие сопоставляемых признаков и их соответствия. Вся конкретизация выявленных сходств и различий и дополнительные замечания записываются на свободном нижнем поле карточки под соответствующей графой таблицы (условно – в 4-ой строке).

3.1.2. Последовательность в процессе обработки материала для картотеки формального аспекта сопоставления русско-болгарских лексических пар:

(1) Записать анализируемую пару лексических единиц – Р и Б (с указанием места ударения) в средней части карточки над таблицей. Р и Б записываются в исходной (словарной) форме. Для глагола, кроме того, записывается форма третьего лица множественного числа и выделяется основа настоящего времени. Написать в левом верхнем углу порядковый номер данной ЛП в картотеке (картотечный номер данной ЛП).

(2) Обозначить соответствие по типу номинации. В случае расчлененной номинации подчеркнуть компоненты, являющиеся однокорневыми словами. Только при наличии в ББ однокорневого с Р слова между Р и ББ регистрируется отношение пересечения, и данная ЛП становится объектом Ф-анализа.

(3) Обозначить соответствие Р и Б по принадлежности к части речи.

(4) Произвести морфемный анализ Р и Б, пользуясь условными графическими знаками (см. с. 128). Глаголы сравниваются в форме 3-го лица множественного числа.

(5) Отметить соответствие простых и сложных основ в графе 1.

(6) Отметить соответствие в корнях Р и Б. В случае сложной основы каждый корень отмечается порядковым номером (графа 2).

(7) Отметить соответствие в суффиксах, постфиксах и интерфиксах (графа 3). В качестве интерфиксов рассматриваются только соединительные гласные в сложных словах.

(8) Отметить соответствие в префиксах (графа 4).

Примечания к пунктам (6), (7), (8): все случаи соотношения материально выраженной морфемы в слове одного языка с нулем в другом языке отмечается в 4-ой строке таблицы в соответствующем столбце.

(9) Отметить соответствия в однородных грамматических и лексико-грамматических категориях (графы 5, 6, 7; последняя заполняется только для глагола). Сопоставляются:
  a. имена существительные:
     • по категории рода (графа 5);
     • по категории числа (графа 6);
  b. имена прилагательные:
     • по наличию краткой формы русского прилагательного, соотносимой с формой прилагательного в болгарском языке (графа 5);
     • по возможности / невозможности образовать простую форму степени сравнения (графа 6);
  c. глаголы:
     • по признаку возвратности /невозвратности (графа 5);
     • по типу спряжения (графа 6);
     • по типу управления (предложное / беспредложное) (графа 7);
  d. наречие
     • по возможности / невозможности образовать простую степень сравнения (графа 6).

Примечания к пункту (9):

В графах 5 и 6 для имен существительных и в графе 5 для имен прилагательных ставятся два знака типа соответствия: первый отражает соотношение по полноте данной частной парадигмы (см. слова в одном языке, относящиеся к singularia tantum, а в другом – имеющие формы и единственного, и множественного числа: Р – *тире*, Б – *тире, тирета*), а второй указывает на соотносительность самих форм. Конкретизация типов соотношения (∩ и Ø) производится в 4-ой строке.

(10) Отметить совпадение (≡) или несовпадение (Ø) по месту ударения (графа 8). В случае несовпадения, в 4-ой строке таблицы расхождение обозначается графически (например: р. *море* – б. *море*).

(11) Отметить наличие (+) или отсутствие (–) следующих соотношений в фонемном (фонетической) составе Р и Б (графа 9):

В области согласных:

русский язык	болгарский язык	примеры
<дж>	<Y>	джаз – джаз
<ж>	<жд>	межа – межда
<г>	<х>	гигиена – хигиена
<ц>	<ц'>	целый – цял
<ч'>	<ч>	речь – реч
<ч'>	<шт>	ночь – нощ
<ш'>	<шт>	вещь – вещ
согласный + <л'>	без <л'>	земля – земя
<j> перед <е>	без <j>	ель – ела
мягкий согласный	твердый согласный	
• в абсолютном конце слова		соль – сол
• перед твердым согласным		калька – калка
• перед мягким согласным		весть – вест

В области гласных:

русский язык	болгарский язык	примеры
полногласие	неполногласие	голос – глас
['á]	[é]	ряд – ред
[á]	[ъ]	жатва – жътва
['é]	['á]	белый – бял
['é]	[ъ]	серп – сърп
['ó]	[é]	мед – мед
['ó]	[ъ]	темный – тъмен
[ó]	[ъ]	сон – сън
[у]	[ъ]	суд – съд
[ы]	[и]	дым – дим
[Ø]	[ъ]	метр – метър

Перечисленные соответствия указываются в 4-ой строке таблицы.

Собственно фонетические различия определяются только для однотипных морфем Р и Б (корень – корень, суффикс – суффикс и т.д.) Не принимаются во внимание звуковые различия, обусловленные несовпадением Р и Б по количеству морфем и непересечением данных морфем (например, р. *машинистка* – б. *машинописка*, р. *вилка* – б. *вилица*).

(12) Отметить наличие (+) или отсутствие (–) следующих:

- различий в написании Р и Б, не являющихся следствием их морфологического или фонематического различий (графа 10):

русский язык	болгарский язык
э	е
е	ьо
шт	щ

- различий в раздельном, слитном, через дефис написании Р и Б;
- различий в правописании морфем, включающих сочетание согласных, в котором отражается различие в принципе написания в русском и болгарском языках в данном случае (например: р. *расстояние* – б. *разстояние*, р. *воспитание* – б. *въз-питание*, р. *праздник* – б. *празник*);
- различий в написании отдельных иноязычных по происхождению слов (например: р. *цемент* – б. *цимент*);
- различий, связанных с наличием в русских словах букв Ъ и Ь (например: р. *объятия* – б. *обятия*, р. *рожь* – б. *ръж*, р. *карьера* – *кариера*), двойных согласных (например: р. *русский* – б. *руски*, р. *ванна* – б. *вана*).

3.2. Картотека содержательного аспекта сопоставления русско-болгарских лексических пар

Данная картотека состоит из трех частей. Первая часть включает результаты семантического (в его собственно семантическом и семантико-лексическом аспектах) сопоставления лексических пар. Вторая часть включает совмещенные поля соответствия[21]. Третья часть содержит лексические единицы, синонимически связанные с членами исходной ЛП (с Р и Б), которые выявлены в ходе сопоставления данной ЛП, но не вошли в состав соответствий, установленных в результате анализа данной ЛП. В этой части картотеки накапливается материал для дальнейшего этапа сопоставительного анализа, с более последовательным и полным учетом парадигматических связей Р и Б (в русском и болгарском языках соответственно). Основная часть картотеки – первая. Вторая строится на базе первой. Третья носит характер дополнительной и имеет второстепенное значение с точки зрения целей анализа на данном его этапе.

3.2.1. Картотека результатов собственно-семантического и семантико-лексического аспектов С-анализа (основная).

В картотеке каждая русско-болгарская лексическая пара (Р-Б ЛП), подвергнутая семантическому сопоставительному анализу, представлена набором карточек, которые содержат два вида информации:
- результаты проведенного анализа;
- имеющиеся в словарях данные относительно Р и Б.

Используются следующие словари:
РБР – Руско-български речник. Т. 1-2 / Под ред. на С. Влахов, А. Людсканов, Г.А. Тагамлицкая. С., 1960; 2-ро изд. С., 1986.
БРСБ – *Бернштейн С.Б.* Болгарско-русский словарь. М., 1966.

---

[21] Совмещенные ПС складываются на основе разных ПС с общей исходной лексической единицей – Р.

МАС – Словарь русского языка. Т. 1–4 / Под ред. А.П. Евгеньевой. 2-ое изд., 1981–1984.

РСБКЕ – Речник на съвременния български книжовен език. Т. 1–3 / Гл. ред. акад. С. Романски. С., 1955–1959.

РБЕ – Речник на българския език. С., 1977–...

БТР – *Андрейчин Л., Георгиев Л. и др.* Български тълковен речник. С., 1976.

ССРЯ – Словарь синонимов русского языка Т. 1–2 / Под ред. А.П. Евгеньевой. Л., 1970–1971.

СРСБКЕ – Димитрова, Спасова 1980 – *Димитрова М., Спасова А.* Синонимен речник на съвременния български книжовен език. С., 1980.

СССРЯ – Словарь сочетаемости слов русского языка / Под ред. П.Н. Денисова, В.В. Морковкина. М., 1978; 2-ое изд. М., 1983.

Апресян, Палл 1982б – *Апресян Ю.Д., Палл Э.* Русский глагол – венгерский глагол. Управление и сочетаемость. Т. 1–2. Будапешт, 1982.

На базе словарных данных выделяются Р-Б ЛП, результаты сопоставительного анализа которых представлены в картотеке комплектом карточек.

Комплект карточек к каждой ЛП включает три основных вида карточек: карточку типа соответствия, карточку толкования, карточку сочетаемости, а также карточку сравнения словарных данных с результатами сопоставительного анализа (такая карточка дается в случае расхождения результатов анализа и словарной информации). Кроме того признаковые (предикатные) Р и Б сравниваются и с точки зрения их валентной структуры и на отдельной карточке отмечается их модель управления. Для нескольких ПС с одной исходной Р, которые различаются составляющими их эквивалентами, вводится карточка совмещенного поля ПС.

Анализу подвергается каждая ЛП, образуемая из Р и ее Б-эквивалента (одного из ее Б-эквивалентов). Каждой такой ЛП соответствует свой комплект карточек.

1. **Карточка толкования** содержит семантическое пространство (СП) данной ЛП и эквивалентные составляющем ее Р и Б выражения (в общем случае – слова).

Семантическое пространство данной ЛП складывается из толковании, общих для Р и Б, а также из толкований, свойственных только Р и / или только Б[22].

Р-Б ЛП эквивалентны только в том случае, если в ее СП входит по крайней мере одно толкование, общее для Р и Б.

В средней части карточки даны толкования, образующие СП данной ЛП. Сначала (первыми) даются те толкования, которые имеются у Р, но могут отсутствовать у Б. Последовательность толкований определяется порядком значений у Р в словаре (в [МАС]). Толкования, имеющиеся у Б, а отсутствующе у Р, приводятся в конце.

Перед толкованием (в скобках) указан его порядковый номер. Соответствие толкований в СП данным словарей отмечено цифрой (повторяющей порядковый номер значения в словаре) со знаком «‖» (обозначающим оттенок соответствующего значения) слева от эквивалента – для Р и справа от эквивалента – для Б.

Слева от толкований представлено соответствие данному толкованию в русском языке, справа – в болгарском (в общем случае это слова).

Если данное толкование у Р или Б есть, то это отмечается знаком «-"-» и под Р или Б на уровне данного толкования. Синонимические Б к данному толкованию приводятся в том случае, если у них нет в русской лексике более близкого эквивалента, чем данная Р. Такие Б объединяются знаком «∧» между ними. В остальных случаях подобные Б приводятся только на карточке синонимических связей членов данной ЛП.

Если данное толкование отсутствует у Р (или у Б), приводится имеющиеся в языке другие средства его выражения; они подчеркиваются пунктиром. Если при этом имеется больше одной лексической единицы, которые одинаково до-

---

[22] О толковании и формировании СП см. 2.3.5–2.3.6 (с. 69–75).

пустимы в качестве эквивалентов к исходной лексической единице (возможен выбор), то приводятся все лексические единицы и отмечается их синонимичность. Например: в ЛП р. *тащить* – б. *мъкна* в толковании 'X перемещает Y, не отрывая Y от поверхности Z' в Б-части карточки под словом *мъкна* (которое такого толкования не имеет) записывается *влача* ∧ *тътря*.

В Р-части карточки синонимические выражения появляются только как соответствие толкованиям, имеющимся у Б и отсутствующим у Р.

На карточке толкования применяются отсылки.

1) Отсылка к толкованию в другом комплекте с той же исходной Р, т.е. в семантическом пространстве другой ЛП, но с тем же Р-членом: приводятся соответствующая ЛП с номером толкования, к которому дается отсылка в данном случае. При отсылке к толкованию в другом комплекте соответствующие эквиваленты приводятся. Разные толкования при этом могут объединяться в одной отсылке, если им соответствует один и тот же эквивалент. Например:

пункт			точка
-"-	(1–3)	'см. *пункт – пункт* (1-3)'	пункт
-"-	(2)	'часть текста X, обозначенная номером или буквой'	точка

Подобная отсылка может быть сделана для всех толкований, кроме тех, которые «связывают» данную ЛП (которая является объектом анализа в данном случае). Соблюдается правило: карточка толкования данной ЛП обязательно содержит формулировки тех толкований, которые являются общими для ее членов.

Общая отсылка (ко всем толкованиям) возможна при условии полного повторения толкований двух ЛП с одной исходной Р (т.е. при синонимии Б-частей полей соответствия, образуемых этими лексическими парами).

2) Отсылка к толкованию в том же комплекте (в том же семантическом пространстве) заключается в замене толкова-

ния его соответствием в Р-части с указанием номера толкования. Например:

тарелка			чиния
-"-	(1)	'столовая посуда круглой формы с плоским дном и приподнятыми краями'	-"-
-"-	(2)	'количество вещества, которое может вмещаться в тарелку (1)'	-"-

На карточке толкования – в ее правой нижней части или на отдельной карточке (за неимением места на карточке толкования) отмечается соответствие этих толкований порядку следования значении у Р и Б в словарях: в [МАС] для Р (слева от эквивалента или заменяющего его знака «-"-») и в [РСБКЕ] – для Б (справа). Соответствие последовательности словарных значений у Р, с одной стороны, и у Б, с другой, толкованиям в семантическом пространстве данной ЛП представлено в виде схемы.

В качестве эквивалентного выражения для Р (или для Б) в Б-части (или Р-части) в определенном толковании на карточке толкования приводится:

1) Слово

2) Сочетание слов как факт расчлененной номинации типа б. *минерална кал* (как соответствие в одном из толкований к р. *грязь*)

3) Описательное соответствие, выражающее сигнификативное содержание исходной лексической единицы и заменяющее в сопоставляемом языке отсутствующую в нем (эквивалентную исходной) лексическую единицу (Оп). Оно формулируется на сопоставляемом языке, которому и принадлежит: Оп в Б-части – на болгарском языке, Оп в Р-части – на русском языке.

4) Метаязыковое описательное соответствие (МОп), выражающее сигнификативное содержание исходной лексической единицы, но не принадлежащее сопоставляемому языку. В общем случае оно совпадает с толкованием и формулирует-

ся на принятом в данном случае метаязыке – на русском языке. В сопоставляемом языке ему могут быть эквивалентны (частично или приблизительно) разные лексические единицы, которые (некоторые, часть их) приводятся на карточке. Многоточие означает неполноту (неисчерпанность) списка.

5) Символ лексической функции как частный случай МОп. Приводятся примеры реализации данной лексической функции.

Если в одном ПС имеется больше одного МОп, используются уточняющие индексы:
- a. если МОп появляется два раза или более в одной только части соответствия, используются цифровые индексы – $МОп_1$, $МОп_2$, …
- b. если МОп появляется по одному разу в каждой части соответствия, используются буквенные индексы – $МОп_Р$, $МОп_Б$ …
- c. если МОп появляется два раза или более в каждой части соответствия, используются буквенные и цифровые индексы – $МОп_{Р1}$, $МОп_{Р2}$, …, $МОп_{Б1}$, $МОп_{Б2}$ …

МОп к одному и тому же члену исходной ЛП в разных комплектах (с общей Р) получают последовательную нумерацию.

Если Р имеет более одного эквивалента в Б-части ПС и в результате получается несколько лексических пар, дающих несколько комплектов, причем семантическое пространство этих лексических пар достаточно громоздко (сложно), а общая семантическая часть Р и Б в этих лексических парах достаточно невелика, карточка толкования во всех комплектах, кроме первого, может быть представлена в сокращенном виде, с отсылкой к первой ЛП.

2. **Карточка сочетаемости** отражает семантическую, синтаксическую и лексическую сочетаемость слова. Для каждого толкования приводятся образцы сочетаний, свойственных каждому из членов данной лексической пары – в основном, на базе словарных данных. Толкование, иллюстрацией которого являются данные образцы, обозначается его порядковым номером (в средней части карточки), относительно ко-

торого (в левой и правой части карточки соответственно) приводятся русские и болгарские сочетания. При необходимости указать, какое русское или болгарское сочетание является в данном случае исходным, используется стрелка, направленная от исходного сочетания. В простых, ясных случаях стрелкой, идущей от Р, обозначается, что в Б-части соответствия эквивалентом является Б-член исходной в данном случае лексической пары, и соответствующие болгарские сочетания не записываются. Например:

Р	Б
белый снег, белая бумага (1) →	

На карточке сочетаемости, за исключением первого комплекта, в общем случае приводятся сочетания только относительно общих для лексической пары толкований.

3. На отдельной карточке приводится **модель управления** слова. При этом используются данные по глагольному управлению и символика из словаря Ю.Д.Апресяна и Э.Палл «Русский глагол – венгерский глагол» [Апресян, Палл 1982]. Синтаксические свойства слов, однако, отражаются на данном этапе непоследовательно и в оценку семантического соответствия Р и Б эти данные пока не включаются; они накапливаются для последующего этапа сопоставительного анализа.

4. **Карточка типа соответствия** содержит результаты сопоставительного анализа в двух его аспектах: собственно семантическом (семасиологическом) и семантико-лексическом (ономасиологическом).

В левой верхней части карточки под ее картотечным номером указано количество толкований в семантическом пространстве данной лексической пары (СП=…).

Под этими данными приводятся:
- сведения о характере семантических отношений между Р и Б с учетом двунаправленности анализа:
  СР = СБ; СР ⊂ СБ; СР ⊃ СБ; СР ∩ СБ;
- сведения об эквивалентном выражении семантики Р в болгарской лексике (Р → Б) с указанием значения (по-

средством цифрового индекса номера толкования), в котором данная Б эквивалентна Р:
$$СР = С^1Б_1 + С^2Б_1 + С^3Б_2 ...;$$
- сведения об эквивалентном выражении семантики Б в русской лексике (Б → Р):
$$СБ = С^1Р_1 + С^2Р_2 ... .$$

Указанные последние три вида информации приведены не во всей картотеке, а только в части ее, отражающей начальную фазу работы.

Результаты семантико-лексического аспекта анализа Р и Б в данной ЛП, выражающиеся в определении типа соответствия, к которому относится данная ЛП, как СЭЛП, ПС или промежуточный тип – СЭЛП–ПС или ПС^1–ПС^2 – записываются в верхней центральной части карточки схематически. Отношения эквивалентности обозначаются связующими Р и Б линиями. Идущая от Р (Б) пунктирная линия, не связывающая данную Р (Б) с какой-либо лексической единицей, означает наличие у данной Р (Б) и других эквивалентов, кроме отмеченных, которые, однако, здесь (в ПС) не приводятся.

В том случае, если лексическая единица в одном из своих значений имеет в сопоставляемом языке синонимические (или квазисинонимические) вариантные соответствия, которые в данном случае должны быть включены в ПС, они объединяются знаком «>».

РР (ББ), Оп и МОп записываются в ПС после эквивалентов – слов в конце.

Каждый член Б-части получает свой порядковый номер, который сохраняется у него во всех комплектах с одной исходной Р.

В правой верхней части карточки, справа от записи соответствия дается символическая запись – в виде формулы, которая включает: результаты собственно семантического аспекта анализа (С-аспекта) как отношение семантической симметрии (Сс) или семантической асимметрии (Са) между Р и Б; симметрии / асимметрии в иерархии значении Р и Б (Ис / Иа); семантико-лексического аспекта анализа (Л-аспекта) как отношение лексической симметрии (Лс) или лексической асимметрии (Ла) между Р-частью и Б-частью ПС (эта информация существенна для $ПС^2$); тип соответствия для данной ЛП: СЭЛП, $ПС^1_р$, $ПС^1_р\to$, $ПС^1_б$, $ПС^1_б\to$, $ПС^2$, $ПС^2\to$, СЭЛП–ПС {как СЭЛП($\to ПС^1_р$), СЭЛП($\to ПС^1_р\to$) или как $ПС^1_р$($\leftarrow$СЭЛП), $ПС^1_р\to$($\leftarrow$СЭЛП)}, $ПС^1$–$ПС^2$.

Правая нижняя часть карточки оставляется для дополнительной информации. В частности, она используется для раскрытия содержания Оп и МОп, если соответствующий текст короткий (в противном случае эта информация дается на отдельной карточке). При повторении в нескольких комплектах одного и того же МОп или Оп их значение раскрывается в одном из комплектов – в том, где оно появляется впервые.

5. **Карточка совмещенного ПС** содержит ПС, которое включает (совмещает в себе) все ПС с одной и той же Р (т.е. поля соответствия, построенные на основе разных лексических пар с одной и той же исходной Р); такая карточка заводится в том случае, если эти ПС различаются по своему составу (а не только порядком следования Б-эквивалентов).

Карточки совмещенных ПС образуют особую, отдельную часть картотеки.

6. **Карточка синонимических связей** каждого из членов ЛП включает выявленные в ходе анализа синонимически связанные с Р (в лексике русского языка) и с Б (в лексике болгарского языка) русские и болгарские лексические единицы. Эта информация носит предварительный характер и ориентирована на дальнейшее исследование материала. Эти карточки образуют отдельную часть картотеки.

7. **Карточка сравнения словарных данных и результатов сопоставительного анализа** дается в том случае, если сравнение показывает различие. Карточка содержит запись соответствия Р и Б в одной ЛП по словарям ([РБР] и [БРСБ]) в виде поля соответствия (если в словаре дано больше одного эквивалента), эквивалент, приведенный в словаре, но в результате сопоставительного анализа не включенный в ПС, помечается стрелкой справа (для Б) или слева (для Р) от данного словарного эквивалента. Не представленный в словарях, но в результате сопоставительного анализа включенный в ПС эквивалент записывается и помечается знаком «+».

Сопоставительный анализ каждой лексической пары дает комплект карточек, если ЛП образует СЭЛП, и серию комплектов, если ЛП дает ПС. Количество комплектов зависит от количества Б-эквивалентов у исходной Р. Все комплекты с одной исходной Р имеют общий номер (в левом верхнем углу первой карточки комплекта). Картотечный номер исходной Р складывается из начальной буквы исходной Р и порядкового номера данного слова среди всех включенных в картотеку исходных Р на данную букву (в алфавитном порядке). Комплекты карточек на разные ЛП, но с одной и той же исходной Р, различаются дополнительным цифровым индексом в скобках.

3.2.2. Толкование слов (Р и Б) в целях сопоставления.

В приводимых в картотеке толкованиях используется в качестве метаязыка русский язык; в известной мере этот метаязык стандартизован. Это выражается, в частности, в установке на соблюдение соответствия между тождеством / нетождеством в семантике разных лексических единиц и тождестовом / нетождеством в формулировке их толкований. Одинаковые (общие) элементы в семантике должны получать одинаковую формулировку в толковании. Толкование может включать символы переменных, обозначающих участников называемой словом ситуации (субъект, объект, инструмент, средство, место и т.д. – X, Y, Z, M ...) и символы некоторых лексических функций. Толкование сопровождается указанием некоторых семантических свойств переменных или списком лексических единиц, «скрывающихся» за этими переменными (такие указания приводятся после толкования в угловых скобках).

Интерпретация переменных может состоять:
- в отсылке к классификатору, например: *X – живое существо*;
- в указании общего семантического компонента (= менее общего классификатора) в единичных кавычках, например, при р. *вставать* в одном из его толкований – отмечается переменная со значением места – 'постель';

- в указании существенного семантического компонента – в единичных кавычках после знака включения, например: *X глухой* <*X* ⊂ '*звук*'>;
- в приведении конкретных слов (списком).

В способе толкования слова учитывается принадлежность слова к предметной или признаковой лексике.

В толковании признаковых (предикатных) слов за образец принимается толкование как «выполненное на упрощенном и стандартизованном естественном языке полное и достаточное описание ситуации (кусочка действительности)», которая им обозначается; «описать ситуацию исчерпывающим и достаточным образом значит назвать всех ее участников и только их, указав все свойства каждого участника и отношения между ними и только эти свойства и отношения» [Апресян, Палл 1982: 41]. Однако, учитывая трудности, связанные с достижением этого образца, и имея в виду, что в соответствии с целями данного сопоставительного анализа нашей задачей является указание того участка семантического пространства, который служит базой для сравнения Р и Б, допускаются толкования, которые не являются в строгом смысле слова экспликацией значения, а скорее намекают на него (толкование, близкое к тем, которые предлагают современные русские толковые словари). При этом обязательным остается соблюдение в толковании принципа недопущения синонимии и омонимии.

3.2.2.1. Толкование существительных.

Толкование имен существительных с предметным значением включает, во-первых, семантический компонент, указывающий на отнесенность данного имени к определенной категории имен, на его место в классификации имен (определение идентификатора для данного имени). Это составляет интегральный компонент в его толковании. Во-вторых, оно включает дифференциальный компонент, выделяющий данное имя среди других, проводимых под тот же классификатор (идентификатор).

В толковании имен конкретных предметов в основном используются словарные толкования (прежде всего [МАС] и [РСБКЕ]).

Толкование существительных с признаковым значением также включает классифицирующий интегральный и дифференциальный компоненты, а кроме того и переменные как обязательные элементы ситуации, отображающей внеязыковую действительность.

В роли элементов метаязыка толкования существительных используются такие лексические единицы, как:

вещество	населенный пункт	результат
вместилище	оболочка	ресурсы
время	одежда	рыба
группа	остаток	событие
единица	пища	совокупность
животное	поверхность	социум
знак	предмет	существо
изделие	принадлежность	тело
лицо (личность)	причина	устройство
мебель	продукт	фигура
место	пространство	часть
множество	птица	человек
насекомое	растение	чувство

Толкование отглагольных и отадъективных существительных может быть представлено как значение определенной лексической функции (замены) – деривата от глагола или прилагательного. Тем самым устанавливается деривационная связь между существительным и глаголом (или прилагательным). В таком случае на месте толкования записывается символ соответствующей лексической функции S с индексом, уточняющим характер деривата: S_0 – синтаксический дериват (имя процесса, свойства, качества), $S_{1(2,3...)}$ – дериват со значением 1-го (2-го, 3-го ...) участника обозначаемой исходным словом ситуации. Справа от символа записывается (в скобках) ключевое слово – глагол или прилагательное, дериватом которого является толкуемое слово. Ключевое слово сопровождается цифровым индексом – порядковым номером толкования ключевого слова, по отношению к которому (т.е. данному ключевому слову в данном толковании) толкуемое существительное и является дериватом. Например:

выполнение = S_0(*выполнять1* – *выполнить2*)

Формы типа *зимой*, *дорогой*, *дома* описываются как адвербиальные формы соответствующих имен и не образуют отдельных (своих особых) лексических пар. Они получают толкование (отдельное) на карточке толкования соответствующего исходного имени. На карточке на уровне записи данного толкования под исходной P приводится толкуемое слово в данной его адвербиальной форме. Например:

весна			пролет
-"-	(1)	'время года между зимой и летом'	-"-
весной весною	(2)	'во время весны'	-"-

3.2.2.2. Толкование глаголов.

Толкование глаголов включает переменные, означающие участников (актантов) ситуации, обозначаемой глаголом. Толкование сопровождается информацией о семантических свойствах переменных типа: X – живое существо, человек, животное, социум, устройство... Y – объект, предмет, человек... Глагол с субъектным актантом в значении лица и нелица описывается в двух разных толкованиях (модификациях одного толкования). Помимо информации о семантических свойствах переменных в угловых скобках записывается и дополнительная информация относительно глагола или его актанта. Например, пометы 'актуально', 'узуально' при р. *читать*, ср.: *читает надпись на конверте* (в какой-то определенный момент времени) и *с детства читает на трех языках*; пометы 'целенаправленное', 'нецеленаправленное', 'временная кратность', 'пространственная кратность'.

Глаголы, обозначающие процесс осуществления действия, представляют его в аспекте факторов или последовательных временных этапов осуществления действия, это отражается на толковании (форме толкования) глагола.

В первом случае в основе характеристики действия лежит признак 'потенциальность – реализованность', во втором – признак 'начало – конец'. В первом случае в толковании учитываются факторы, определяющие действие с точки зрения его реализации, а во втором – учитываются временные этапы в его течении. В соответствии с этим в первом случае в толковании появляются такие, например, компоненты, как 'хочет', 'может', 'должен', а во втором 'начать' – 'начинать', 'кончить' – 'кончать', 'прекратить' – 'прекращать' (= 'начать не' – 'начинать не'), 'продолжать' (= 'не начинать не'). Значение предшествующего результата накопления признака содержится в компоненте 'стать' – 'становиться'.

Содержание действия (характер действия) описывается (конкретизируется) в толковании; если же это слишком сложно и к тому же данная часть толкования в данном случае второстепенна, она заменяется компонентом 'действовать определенным образом' ('X действует определенным образом и …').

В толковании глаголов состояния используется компонент 'находиться в состоянии…'; в толковании глаголов со значением свойства – компонент 'иметь свойство…'.

Содержание этих компонентов понимается так, как это представлено в [Гловинская 1982: 71–75].

Каузативные глаголы толкуются посредством компонента 'каузировать' (= Caus), который конкретизируется как 'X действует определенным образом так, что…' (целенаправленная каузация) или 'X является причиной того, что…' (нецеленаправленная каузация).

Глагол может описываться как значение некоторой лексической функции, и толкование в этом случае включает символ данной лексической функции. Например, р. *танцевать* – как лексическая функция смысла 'делать' от слова *танец* (в определенном значении), *X танцует* = 'X Oper танец (1)'.

Толкование глагола строится с учетом видовой характеристики[23]. Глаголы совершенного и несовершенного видов анализируются раздельно, каждая форма описывается самостоятельно.

В силу того, что [МАС] дает толкование глагола обычно при форме совершенного вида, а [РСБКЕ] – при форме несовершенного вида, следует сформулировать толкование для формы несовершенного вида русского глагола и формы совершенного вида болгарского глагола и уже затем сопоставлять Р и Б с учетом их видовой характеристики.

Анализ начинается с глагола совершенного вида, как это дано в [МАС]. Полученные в результате анализа толкования и эквиваленты затем проверяются относительно парного глагола несовершенного вида. Если различия касаются только видового противопоставления, то в комплекте с исходной Р несовершенного вида дается отсылка к комплекту с исходной Р совершенного вида. Сами толкования не записываются, но иллюстративные примеры (примеры на сочетаемость), подтверждающие результаты проведенного сравнения, приводятся. Если проверка (анализ) обнаруживает различия в толковании или в эквивалентах, соответствующая информация дается в полном виде. Отсылка при этом допускается только для совпадающей части.

При определении семантической соотносительности видовых форм глагола следует учитывать поведение глагола под отрицанием (проверка на отрицание может выявить различие в глаголах).

3.2.2.3. Толкование прилагательных.

Толкование прилагательных как слов признаковой лексики включает символы переменных и прежде всего субъектного актанта («носителя признака») и строится в общем случае по типу: 'X такой, который...'). Дробление семантического пространства на толкования у прилагательного связано главным образом с характером (различиями) субъектного актанта

---

[23] О типах видового противопоставления см. [Гловинская 1982: 76–104].

прилагательного, и поэтому, анализируя прилагательное, и прежде всего – относительное, особое внимание следует обращать на его сочетаемость. При этом выявлению характера семантических отношений между прилагательным и существительным помогают перифразы, в которых прилагательное заменяется формой существительного. Например, р. *часовой*: *часовая стрелка – стрелка часов*; *часовой завод – завод* (для производства) *часов*.

Используются, в частности, следующие формы толкования:

'X такой, который	содержит (имеет) Y '
-"-	не содержит (не имеет) Y '
-"-	(содержит Y) больше некоторой нормы (Norm или Norm $_{mod}$)'
-"-	(содержит Y) меньше некоторой нормы (Norm или Norm $_{mod}$)'
-"-	соответствует некоторой норме (Norm или Norm $_{mod}$)'
-"-	выражает ...'
-"-	сделан из ...'
-"-	относится к ... (связан с...)'
-"-	имеет свойство ...'
-"-	находится в состоянии ...'
-"-	имеет место ...'
-"-	существует ...'
-"-	функционирует ...'
-"-	действует ...'
-"-	совершается ...'
-"-	каузирует…'

3.2.2.4. Толкование наречий.

Имеющиеся в словарях данные о значении наречий обычно недостаточны и не могут быть использованы в сопоставительном анализе в готовом виде.

Наречия, включенные в картотеку на данном этапе анализа, преимущественно деривационно связаны с прилагательными (типа *быстро* ← *быстрый*), реже – с глаголами (типа *спешно* ← *спешить*). Самый простой случай семантической связи наречия с прилагательным (глаголом) – наречие как синтаксический дериват прилагательного (глагола): $Adv_{(A)}$ ← A (например, р. *своевременно пришел* ← *своевременный приход*), $Adv_{(V)}$ ← V (например, р. *поспешно вышел* ← *поспешил выйти*). Однако это не всегда так. Поэтому необходим анализ каждого адвербиального и отадъективного наречия, включающий преобразование «прилагательное → наречие», «глагол → наречие» с целью выяснения их семантической связи. Следует определить (представить, описать) ситуацию, обозначаемую производным выражением с наречием (X Adv A или X Adv V) и выявить тот смысл, который выражает (вносит) наречие. Установить, к чему в семантике прилагательного или глагола, синтаксически связанного с наречием, относится наречие (установить область действия наречия). Анализ должен показать, в частности, связано ли наречие с существительным (через посредство прилагательного или глагола) или нет. Определяя семантическую производность наречия от прилагательного, необходимо проанализировать семантику существительного, с которым сочетается прилагательное. Анализируя наречие в сочетании с глаголом, следует установить характер семантической связи глагола с соответствующим существительным и на этой основе (как следствие) – характер семантической связи наречия с прилагательным. Например, р. *странно выглядеть* ↔ *вид странный*.

Если наречие представляет собой производное от относительного прилагательного, следует установить, в каком аспекте (с какой точки зрения) наречие определяет A или V (P). Например, р. *технологически* – в аспекте р. *технология1* (с отсылкой к соответствующему существительному в определенном толковании).

Наречия, включающие оценку, имеют областью действия процессы и факты. В первом случае это собственно наречие, которое характеризует процесс, состояние, свойство (р. *весело улыбаться, хорошо петь*). Во втором – предикатив, выражающий, оценку некоторого факта (р. *Весело встречать Новый год в горах.*). Эти два случая следует давать как два разных толкования одной лексической единицы. В первом случае наречие дается в выражении X Adv A (V, P), во втором – P copul Adv (например, р. *весело* P – 'факт P оценивается как такой, который каузирует состояние *веселый*'); в скобках указывается номер толкования, например: р. *Им было весело петь детские песенки* (2).

На карточке толкованию наречия предшествует запись пропозиционального выражения, в которое входит толкуемое наречие, вида X Adv A, X Adv V или X Adv P под исходной P (например, *X быстро V*).

Собственно толкование наречия включает пресуппозитивную и ассертивную части. Например, р. *X твердо V* ≈ 'X V, и X не проявляет колебаний в (процессе) V'. 'X V' не входит в семантику р. *твердо*, однако такая запись позволяет показать, что вносит наречие в общий смысл выражения.

Используются, в частности, следующие формы толкования:
- X V так, что ...
- X V, и X в процессе Y ...
- X V, и в результате ...
- X P в аспекте ...
- X находится в ... состоянии (например, р. *на душе темно*)
- В X-е ... (например, р. *в комнате темно*)
- факт P оценивается как ...

3.2.3. Последовательность в процессе обработки материала для картотеки содержательного аспекта сопоставления русско-болгарских лексических пар:

3.2.3.1. Выписать на карточку словарные данные к исходной P. Источник ([РБР]) записать в левой верхней части карточки.

3.2.3.2. Выписать на (отдельную) карточку данные по [БРСБ] к первому Б-эквиваленту к P (на основе данных [РБР]). В левой верхней части карточки записать источник.

3.2.3.3. Выписать на (отдельную) карточку словарные данные к исходной P. В левой верхней части карточки записать источник – [МАС].

3.2.3.4. Выписать на (отдельную) карточку данные по [РСБКЕ] к Б (Б$_1$)-эквиваленту (или по [РБЕ] – для Б-эквивалентов на буквы А – З). В левой верхней части карточки записать источник – [РСБКЕ], [РБЕ].

3.2.3.5. Приступить к составлению семантического пространства для Р и ее первого Б-эквивалента (Б₁) и заполнению карточки (карточек) толкования. СП каждой Р-Б ЛП состоит из толкований. Толкования записываются в средней части карточки. Р и Б записываются в верхней части карточки слева (Р) и справа (Б) от СП и подчеркиваются прямой чертой.

3.2.3.5.1. На основе выписанных словарных данных и наблюдений над сочетаемостью Р и Б, используя данные синонимических словарей и словаря сочетаемости русского языка [СССРЯ], формулировать толкования, начиная с тех, которые есть у Р, и указывая Б-эквивалент к Р в каждом его толковании[24].

3.2.3.5.2. Сравнить полученные толкования со словарными толкованиями к первому Б-эквиваленту. Если данное толкование выражает значение, которое есть и у Б, это обозначается знаком «-″-» под Б. Если данное толкование не выражает ни одного из значений, имеющихся у Б, найти (подобрать) Б′, выражающее это толкование, и записать под Б (на уровне данного толкования). Если у Б есть значения, которых нет у Р (и которые поэтому пока не вошли в СП) сформулировать соответствующие толкования и включить их в СП данной Р-Б пары. Найти (подобрать) Р′, выражающее это толкование, и записать под Р.

Примечание к пунктам 3.2.3.5.1 и 3.2.3.5.2:

Формулируя толкование, следует иметь в виду, что в случае, когда одной лексической единице в одном языке соответствует в другом языке больше одной лексической единицы, причем эти лексические единицы «членят» данное значение, «распределяя» его между собой (т.е. исходная лексическая единица является широкозначной относительно лексики сопоставляемого языка), толкование следует расщепить в соответствии с эквивалентами в сопоставляемое языке (см. с. 74). Определяющим в оформлении этой карточки является

---

[24] О толковании слов Р и Б см. 2.3.5 (с. 69–73), 3.2.2 (с. 142–150).

принцип: каждое толкование, которое есть у соответствия слева (в Р-части) и справа (в Б-части) от него, связывает эти Р и Б как в данном случае тождественные относительно этого толкования.

3.2.3.5.3. Эквиваленты, появляющиеся в Б-части ($Б_2$, $Б_3$ и т.д.) и в Р-части ($Р_2$, $Р_3$ и т.д.) в процессе анализа, подчеркиваются пунктиром. Если такой эквивалент повторяется, он подчеркивается только один раз.

3.2.3.5.4. Отметить соответствие словарных значений (цифрой) или оттенков (цифрой плюс знаком «∥») толкованиям в СП – для Р (слева, перед эквивалентами) и для Б (справа, после эквивалентов). В случае вынужденного расщепления толкования полученным двум разным толкованиям должна соответствовать одна цифра словарного толкования.

3.2.3.5.5. Записать схематически соответствие словарных толкований полученным в результате анализа толкованиям в нижней правой части карточки толкования или на отдельной карточке, например:

Р	СП	Б
проект		проект
1 ——————— (1) ——————— 1		
2 ——————— (2) ——⤫——— 2		
3 ——————— (3) ——————— 3		

3.2.3.6. Заполнить карточку сочетаний. Записать члены ЛП вверху карточки – слева (Р) и справа (Б) и подчеркнуть. В центральной части записываются номера толкований (в круглых скобках). Слева от номера толкования записываются русские тексты (сочетания и предложения), справа – болгарские к данному толкованию, стрелкой обозначить направление соответствия – от Р к Б или от Б к Р.

3.2.3.7. Заполнить карточку модели управления (для предикатных слов). Указать соответствие моделей управления у Р и Б толкованиям; номера толкований записываются в центральной части карточки.

3.2.3.8.1. На основе записанных на карточке толкования данных определить:
    a)   тип семантического отношения между Р и Б как тождество, включение или пересечение;
    b)   тип соответствия, который образует данная ЛП;
    c)   количество толкований в СП данной ЛП.

3.2.3.8.2. Заполнить карточку типа соответствия (отражающую результаты сопоставительного анализа данной ЛП).

Примечание к 3.2.3.8.2.: Если данная ЛП образует ПС, то прежде чем заполнять карточку типа соответствия, целесообразно проанализировать все ЛП, образуемые на основе данной исходной Р (см. пункт 3.2.3.14.).

3.2.3.9. Если в составе эквивалентов в данном ПС есть МОп или Оп и на карточке типа соответствия для их записи недостаточно места, МОп (Оп) выписывается на отдельную карточку.

3.2.3.10. Заполнить карточку лексической пары (для картотеки лексических пар). В левом верхнем углу карточки записать картотечный номер данной ЛП. В верхней центральной части записать данную лексическую пару. Под лексической парой записать основные результаты анализа, представленные в виде формулы на карточке типа соответствия.

3.2.3.11. Сравнить результаты сопоставительного анализа и словарные данные для анализируемой лексической пары. Если есть расхождения, заполнить карточку результатов сравнения. В левом верхнем углу карточки записать Сл – СА.

3.2.3.12. Заполнить синонимическую карточку.

3.2.3.13. Расположить все карточки к данной ЛП в последовательности:
    (1)   карточка типа соответствия (результаты анализа);
    (2)   карточка с МОп или Оп;
    (3)   карточка толкования;
    (4)   карточка иерархической симметрии / асимметрии;
    (5)   карточка сочетаемости;
    (6)   карточка модели управления;
    (7)   карточка словарных данных по [РБР];
    (8)   карточка словарных данных по [БРСБ];
    (9)   карточка словарных данных по [МАС] (для Р);

(10) карточка словарных данных по [РСЕКЕ] или [РБЕ] (для Б);
(11) карточка сравнения словарных данных и результатов сопоставительного анализа;
(12) дополнительные карточки, отражающие информацию, необходимость в фиксации которой возникла в процессе анализа.

Пронумеровать карточки и записать на первой карточке (карточке типа соответствия) в ее верхней правой части в скобках после цифры 1 (порядковый номер карточки) общее количество карточек к данной ЛП.

3.2.3.14. Если ЛП образует $ПС^1_р(\rightarrow)$, $ПС^1_р(\rightarrow)(\leftarrow СЭЛП)$, $ПС^2(\rightarrow)$ или $ПС^2(\rightarrow)(ПС^1_б(\rightarrow))$ и, следовательно, у исходной Р больше одного Б-эквивалента, выраженного словом, то процедура, описанная в пунктах 3.2.3.1 – 3.2.3.13, повторяется для каждой ЛП, состоящей из данной исходной Р и ее Б-эквивалента, кроме первого (т.е. для Р-$Б_2$, Р-$Б_3$, и т.д.), однако с некоторыми изменениями.

(1) Словарные данные относительно исходной Р (по [РБР] и [МАС]) приводятся только в комплекте к одной – первой – лексической паре с общей Р (Р-$Б_1$).

(2) Карточка модели управления дается в первом комплекте.

(3) Карточка сравнения словарных данных и результатов анализа и синонимическая карточка приводятся во втором и следующих комплектах в том случае, если есть отличия от данных, представленных в первом комплекте; такие отличия могут быть связаны с Б-эквивалентами ($Б_2$, $Б_3$ и т.д.).

(4) МОп и Оп конкретизируется – на карточке типа соответствия или на отдельной карточке – только в том комплекте, в котором оно появляется в первый раз.

(5) На карточке толкования во втором и следующих комплектах к лексическим парам с одной и той же исходной Р применяется система отсылок (см. с.136)

(6) К картотечному номеру каждого комплекта с общей Р прибавляется порядковый номер комплекта (в

скобках), соответствующий номеру Б-эквивалента в ПС с данной исходной Р.

Комплекты к разным ЛП, но с одной и той же исходной Р объединяются общим картотечным номером и различаются сопровождающими их цифровыми индексами в скобках, образуя серию (набор) комплектов. Количество комплектов в серии соответствует количеству Б-эквивалентов к данной исходной Р.

Глава 4

СОПОСТАВИТЕЛЬНЫЙ АНАЛИЗ ЛЕКСИЧЕСКИХ ПАР. ОБРАБОТКА МАТЕРИАЛА. ОБОБЩЕНИЕ РЕЗУЛЬТАТОВ

Работа по сопоставительному анализу русских и болгарских лексических единиц (Ф-анализ и С-анализ), в ходе которой формировалась сопоставительная картотека русско-болгарских лексических пар, прошла через определенные фазы.

Предпринятое как сплошное (а не выборочное) сопоставление Р и Б с учетом их соответствия в плане формального выражения и в плане содержательном, наше описание начиналось с Ф-анализа лексических пар. Материал для анализа на этом первоначальном этапе работы определялся словником словаря [СОж] (без областной, специальной и устарелой лексики), что давало список исходных Р. Р-Б пары строились на основе словаря [РБР]. Таким образом Ф-анализу была подвергнута некоторая часть материала на буквы Д, Ж, И, М.

Затем работа по сопоставительному описанию материала была переключена на его С-анализ. В данном случае круг лексических единиц, сопоставляемых в содержательном аспекте, был ограничен лексикой словарей-минимумов по русскому языку для учащихся болгарских средних школ [Гочева 1976] и вузов [Иванова 1974]. Результаты проделанного анализа были представлены в двух сборниках – [СОРБЛ 1984], [СОРБЛ 1985].

В этих выпусках, имеющих характер предварительных публикаций, проанализированы с точки зрения формального и содержательного аспектов сопоставления русско-болгарские ЛП с исходными Р – именами существительными на буквы Ж, И, М и глаголами на буквы Д и М, а также существительными, обозначающими деятелей спорта по олимпийским видам спорта. Только с точки зрения содержательного аспекта описаны ЛП с исходными Р, принадлежащими к лексико-грамматической группе прилагательных размера. В итоге в формальном аспекте проанализированы 2252 Р-Б пары, которые приводятся в словарной части [СОРБЛ 1984] списком, с указанием характеристики ЛП с точки зрения морфемного состава Р и Б, образующих эти ЛП. В содержательном аспекте [СОРБЛ 1985] проанализировано 923 ЛП, выведенные на основе 588 исходных Р. При этом следует иметь в виду, во-первых, что количество ЛП в данном случае не равно количеству семантических эквивалентностей, которые исходное русское слово получает в болгарском языке: лексических пар меньше, так как составные наименования, а также описательные (Оп) и метаязыковые (МОп) выражения, которые появляются в полях соответствия, своих лексических пар не образуют. Во-вторых, русские парные глаголы совершенного и несовершенного вида рассматриваются в нашем описании как разные, самостоятельные Р, каждая из которых образует свои ЛП.

В дальнейшем работа продолжалась в двух направлениях: проводился С-анализ и Ф-анализ лексических пар.

Работа в направлении С-анализа, ее сложность и трудоемкость, когда каждая ЛП, каждая лексическая единица, в сущности, может стать объектом специального исследования, показала целесообразность уменьшения словника, с тем чтобы охватить некоторую основную часть современной русской литературной лексики, круг которой будет затем расширяться. На этом основании был выбран словник [ЛОРЯ].

Выбор этого словаря обусловлен не только необходимостью ограничить материал, но и тем, что он дает возможность, придерживаясь принципа сплошного попарного сопоставления, описывать в сопоставительном плане сначала ту часть русской лексики, которая принадлежит ее ядру.

Объектом анализа при этом являются только существительные, прилагательные, глаголы и частично наречия (преимущественно отадъективные дериваты).

В общем на базе [ЛОРЯ] сопоставительному анализу подвергнуто ≈ 2700 исходных Р, на основе которых было выделено и проанализировано – в формальном и содержательном (семантическом и семантико-лексическом) аспектах ≈4700 Р-Б ЛП.

В процессе работы над материалом на его начальном этапе происходили изменения не только в объеме (в сторону уменьшения, сужения охвата лексики), но и в конкретной методике анализа и описания материала, которая уточнялась и дополнялась.

Проанализированный и представленный в Картотеке материал – результат работы коллектива, состав которого в разные периоды (частично) менялся.

В работе по созданию картотеки принимали участие (сначала до конца или в течение некоторого периода времени): Р.Брайнова, С.Василева, Н.Делева, Т.Димитрова-Танчева, А.Карловска, Н.Ковачева, М.Лазарова, А.Липовска, Л.Павлова, С.Станева, И.Червенкова (София); Е.Василева, М.Зозикова, Г.Косева, Г.Мишевска, И.Чонгарова, М.Шахаран (Пловдив); М.Ганчева (Велико-Тырново); М.Душкова, Д.Илиева, Г.Михайлова (Русе); В.М.Шевелев (доцент Харьковского университета, в 1981–1983 гг. работал на кафедре русского языка и литературы Пловдивского университета и был одним из главных организаторов коллективной работы по созданию картотеки).

В этой работе участвовали также студенты Отделения русского языка и литературы Факультета славянских филологий Софийского университета. К формальному аспекту анализа были привлечены студенты третьего курса, которые работали под руководством Н.П.Ковачевой и А.Липовской во время научно-производственной практики. Некоторые студенты приняли участие в обработке материала в содержательном аспекте, что определило темы их дипломных (Марина Стайкова, Илиана Славова, Албена Анчева, Диана Павлова) или курсовых (Николай Вазов, Албена Здравкова, Калинка Бъчварова) работ (научный руководитель – И.Червенкова).

Членов группы объединяло стремление к точному использованию принятой методики сопоставительного анализа и единству (единообразию) в представлении (подаче) его результатов, которое, однако, полностью достичь – прежде всего в области содержательного аспекта анализа – было в данном случае трудно.

Проведенный по описанной методике (см. Глава 2) сопоставительный анализ русско-болгарских лексических пар в двух его аспектах (Ф-анализ и С-анализ) дал значительный по объему и разнообразию материал, который подлежит углубленному и разностороннему изучению. Предстоит большая исследовательская работа над материалом собранной картотеки Р-Б ЛП. Но уже на данном этапе возможны определенные обобщения и выводы.

4.1. Результаты формального аспекта сопоставительного анализа русско-болгарских лексических пар

4.1.1. Некоторые наблюдения и обобщения представлены в [СОРБЛ 1984]. Подвергнутый Ф-анализу материал распределен здесь по типам и подтипам согласно первоначально принятой классификации, построенной только на основе сравнения Р и Б по их морфемному составу (см. 2.2.4.1, с. 49–52) с учетом вместе с тем частеречной принадлежности Р и Б.

Все 2252 ЛП, результаты анализа которых представлены в [СОРБЛ 1984], распределяются по частям речи так, что ≈ ½ составляют имена существительные (1036 Р-Б), ≈ ⅙ – прилагательные (412), ≈ ¼ – глаголы (804). Из них тождество в корне отмечено у ≈ ⅓ существительных (437 Р-Б), ≈ ⅓ прилагательных (124) и ≈ ⅓ глаголов (242). Пересечение в корне – у ≈ ¼ существительных (252 Р-Б), ≈ ⅓ прилагательных (132) и ≈ ⅕ глаголов (158). Отношения непересечения в корне – у ≈ ⅓ существительных (347 Р-Б), ≈ ⅓ прилагательных (156) и ≈ ½ глаголов (404).

Как видно из приведенных количественных данных, для ЛП существительных характерно прежде всего отношение тождества в корне (затем следует непересечение и уже потом пересечение), у глаголов – отношение непересечения в корне (затем – тождество и потом пересечение), у прилагательных количественные различия в этих случаях совсем незначительны. Обращает на себя внимание тот факт, что отношение тождества в корне представлено прежде всего у существительных, а непересечение – у глаголов; отношение пересечения оказалось на последнем месте и у существительных, и у глаголов.

С-анализ этого материала выявил некоторые проблемы, связанные прежде всего с категориальной характеристикой этих слов, а кроме того с особенностями того лексического фрагмента, который стал объектом анализа в данном случае (исходные Р – слова на определенную начальную букву или образующие определенный лексико-семантический «участок» в языке). Эти проблемы обсуждаются в отдельных статьях в [СОРБЛ 1984]. Это: типы формальных соответствий русских и болгарских существительных с исходным русским словом на букву Ж (автор – М.Ганчева), на букву И (М.Шахаран), на букву М (Н.Ковачева), а также существительных, обозначающих деятелей спорта по олимпийским видам спорта (Г.Мишевска), прилагательных на букву Д (М.Зозикова) и глаголов на буквы Д (Е.Василева) и М (Р.Брайнова). В статьях содержится классификация соответствующего материала по указанным типам (с количественными данными), приводятся некоторые наблюдения, а также намечаются пути углубления анализа и поиска способа построения классификации, предполагающей учет и других параметров сопоставления, кроме морфемного состава (с включением в формулу типа соответствия также оценок и по другим параметрам).

4.1.2. Дальнейшая работа над материалами Ф-анализа в этом направлении была связана с написанием курсовых работ (студентов), переросших затем в дипломные.

Так, проанализированы Ф-соответствия русских и болгарских существительных и глаголов с исходным русским словом на букву В (по [СОж]) и дана их классификация[25].

Анализируемый материал имен существительных составил ≈ 270 Р-Б ЛП, классифицируемых с точки зрения морфемного состава Р и Б, и прежде всего их корневых морфем (как в [СОРБЛ 1984]). Материал распределился с перевесом в сторону отношений непересечения, причем преобладают Р-Б с непересечением в корне, не осложненным сходством в аффиксальной части. Тождество корневых морфем отмечено у ≈20% Р-Б.

На материале по глаголу (на ту же букву В)[26] дана классификация, основанная на упорядочении разных (разнород-

---

[25] Цанкова Р. Типы формальных соответствий в русской и болгарской лексике (с исходным русским словом – существительным на букву В). Софийский университет, 1986 [дипломная работа; научный руководитель – Н.П.Ковачева].

[26] Анчева В. Типы формальных соответствий русских и болгарских глаголов (с исходным русским словом на букву В). Софийский университет, 1986 [дипломная работа; научный руководитель – И.Червенкова].

ных) критериев в рамках выделенных – в данном случае с точки зрения морфемного состава основ Р и Б (а не только корневых морфем, как это представлено в первой работе) типов Ф-соответствий. Анализ показал, что в данном фрагменте сопоставляемой лексики (≈ 700 Р-Б, образованных на основе 156 исходных русских глаголов), преобладает отношение непересечения (≈ 380 Р-Б), тогда как отношение тождества представлено единичными ЛП. Наиболее разветвленную часть классификации здесь образуют ЛП, члены которых связаны отношением пересечения (в основах Р и Б), хотя вместе с тем этот тип на данном материале количественно уступает первому (с отношением непересечения), здесь их ≈ 300 Р-Б.

Анализ прилагательных, образующих Р-Б ЛП (≈ 700 ЛП) с исходным русским словом на букву М[27] по словарю [МАС] показал распределение материала по соотношению морфемного состава основ Р и Б с очень значительным преобладанием лексических пар с отношением пересечения (≈ ⅘ всех ЛП); отношения тождества и непересечения представлены почти поровну.

Русско-болгарские лексические пары с исходным русским словом на букву Е[28] (353 ЛП, прежде всего имена существительные, небольшое количество глаголов – всего 14) по словарю [МАС] проанализированы и подробно описаны по всем параметрам сопоставления. Классификация их на основе морфемного состава основ Р и Б как главного критерия дает распределение данных ЛП между двумя типами – с пересечением основ (бо́льшая часть ЛП) и непересечением. Отношения тождества основ Р и Б в данном случае не представлены в силу характера материала – особенности слов на букву Е в русском языке (с начальным j) и в болгарском (без начального j).

---

[27] Жабинска П. Сопоставительный анализ русской и болгарской лексики в формальном отношении. Дипломная работа (научный руководитель – И.Червенкова). Софийский университет им. Святого Климета Охридского. София, 1986.

[28] Царчинска Е. Сопоставительный анализ русской и болгарской лексики в формальном отношении. Дипломная работа (научный руководитель – И.Червенкова). Софийский университет им. Святого Климета Охридского. София, 1984.

Наблюдения и обобщения, представленные в дипломных работах, определяются (и ограничены) материалом, его случайным в значительной мере характером, обусловленным подбором слов по «буквенному» принципу, а также составом словника, зависящего от выбора словаря как базы. Но тем не менее они представляют интерес и полезны в плане построения общей полной классификации Ф-соответствий русско-болгарских лексических пар.

4.1.3. Весь материал русско-болгарских лексических пар, выделенных на базе [ЛОРЯ] (главным образом) и подвергнутых С-анализу, классифицирован с учетом указанных параметров сопоставления (см. 2.2, с. 42 и след.). При этом на данном этапе работы применена ступенчатая (иерархическая) классификация (описанная выше, см. 2.2.4.3, с. 55-57), включающая три основных типа соответствия с тремя подтипами (в одном из типов) и распределяющая весь этот материал в 27 основных вариантов (случаев) Ф-соответствия русско-болгарских ЛП.

Такая классификация, как уже было отмечено, принята в качестве достаточно содержательной и вместе с тем обозримой и потому удобной на данном (начальном) этапе обобщения полученных результатов анализа.

Анализ данного материала показал, что в нем представлены почти все из указанных случаев Ф-соответствия Р-Б, однако, весьма неравномерно.

Приведем (коротко) данные этой классификации. Весь материал, подвергнутый анализу, составил ≈ 4700 ЛП.

(1) 230 ЛП. Это преимущественно Р-Б глаголы и существительные; различия между Р и Б – грамматические, имеющие регулярный характер. Например:

Р		Б
гореть	–	горя
академия	–	академия
богатый	–	богат
ясно	–	ясно

(2) 20 ЛП. Например:

Р		Б
голубой	–	светлосин
итог	–	равносметка
мороженое	–	сладолед
руководить	–	управлявам

(3) **C aaa – d/e/f/de/df/ef/def** (≈ 300 ЛП). Преимущественно представлен вариант **C aaa – d** (≈230 ЛП). Это в основном имена существительные; глаголы единичны. Например:

Р		Б
инженер	–	инженер
страх	–	страх
признаться	–	призная

В первых двух Р-Б различие – в форме выражения множественного числа (р. *инженеры* – б. *инженери*, р. *страхи* – б. *страхове*), в последней Р-Б – в возвратной / невозвратной форме глагола.

Из других вариантов относительно более многочисленны **C aaa-f** (≈ 40 ЛП):

Р		Б
достоинство	–	достойнство
бояться	–	боя се

и **C aaa – df** (20 ЛП):

Р		Б
металл	–	метал
поэт	–	поет

Варианты **C aaa – e** (р. *лекция* – б. *лекция*), **C aaa – ef** (р. *любовь* – б. *любов*), **C aaa – de** (р. *дружина* – б. *дружина*) представлены единичными ЛП. Лексических пар типа **C aaa – def** не обнаружено.

(4) **C aab** (≈ 30 ЛП). Например:

Р		Б
село́	–	се́ло
ве́жливый	–	вежли́в
стро́ить	–	строя́

(5) **C aab – d/e/f/de/df/ef/def** (≈ 60 ЛП). Преимущественно в варианте **C aab – d**, прежде всего это имена существительные. Например:

Р		Б
а́дрес	–	адре́с
матема́тик	–	математи́к
говори́ть	–	гово́ря

Другие варианты единичны:
C aab – f (р. *беспоко́ить* – б. *безпокоя*)
C aab – df (р. *бра́ться* – б. *хващам се*)
C aab – e (р. *гео́лог* – б. *геолог*)
C aab – def (р. *зави́симость* – б. *зависимост*)
Варианты **C aab – de** в данном материале не представлены.

(6) **C ac$_1$a** (≈ 150 ЛП). Например:

Р		Б
ба́бушка	–	баба́
бе́дный	–	беден
вы́разить	–	изразя́
узна́ть	–	опозна́я

(7) **C ac$_1$a – d/e/f/de/df/de/def** (≈ 420 ЛП). Представлены все варианты дополнительной информации по показателю II, причем половину их составляют **C ac$_1$a – d**:

Р		Б
выбор	–	избор
бледный	–	блед
внедрять	–	внедрявам

и C ac_1a – e:

Р		Б
выпуск	–	випуск
лето	–	лято
вареный	–	варен

Оба варианта представлены приблизительно одинаково. Остальные варианты представлены приблизительно равномерно ($\approx$ по 30 ЛП).

C ac_1a – de:

Р		Б
возраст	–	възраст
горячий	–	горещ

C ac_1a – f:

Р		Б
агрессия	–	агресия
возникнуть	–	възникна

C ac_1a – df:

Р		Б
восторг	–	възторг
внедряться	–	внерявам се

C ac_1a – ef:

Р		Б
возможность	–	възможност
грамматический	–	граматически

C ac_1a – def:

	Р	Б
день	–	ден
вопроси́тельный	–	въпроси́телен

(8) **C ac₁b** (≈ 50 ЛП). Например:

	Р	Б
стари́к	–	ста́рец
областно́й	–	о́бластен
идти́	–	и́двам

(9) **C ac₁b – d/e/f/de/df/ef/def** (≈ 180 ЛП). Представлены все варианты дополнительной информации (показатель II), при этом преобладают **C ac₁b – d** (≈ 100 ЛП):

	Р	Б
боле́знь	–	бо́лест
возника́ть	–	изни́квам

C ac₁b – df (≈ 40 ЛП):

	Р	Б
воспи́тывать	–	възпи́тавам
меня́ться	–	сме́ням се

Остальные варианты представлены отдельными ЛП:
C ac₁b – de:

	Р	Б
жела́ние	–	жела́ние
достига́ть	–	сти́гам

C ac₁b – e:

	Р	Б
вы́скочить	–	изско́ча

C ac₁b – f:

	Р	Б
вы́разиться	–	изразя́ се

С ac$_1$b – ef:

	Р	Б
	деятель –	деятел

С ac$_1$b – def

	Р	Б
	возникать –	възниквам

(10) **С ac$_2$a** (≈ 70 ЛП). Например:

	Р	Б
	колесо –	колело
	сказка –	приказка
	иностранный –	чуждестранен
	мыть –	мия

(11) **С ac$_2$a – d/e/f/de/df/ef/def** (≈ 750 ЛП). Это самый многочисленный случай Ф-соответствий в данной классификации Р-Б в анализируемом материале, следовательно, самый характерный тип Ф-соответствия в нем – отношение пересечения Р и Б в корне при наличии грамматических (не только регулярных, но и нерегулярных), фонетических или графических различий.

Например:

С ac$_2$a – d:

	Р	Б
	готовить –	подготвям

С ac$_2$a – de:

	Р	Б
	смесь –	смесица

С ac$_2$a – df:

	Р	Б
	вернуться –	върна се

C ac₂a – e:

	Р		Б
	твердо	–	твърдо

C ac₂a – f:

	Р		Б
	добраться	–	добера се

C ac₂a – def:

	Р		Б
	пальто	–	палто

(12) C ac₂b (≈ 70 ЛП):

	Р		Б
	сотня	–	стотица
	ночной	–	нощен
	слегка	–	леко

(13) C ac₂b – d/e/f/de/df/ef/def (≈ 380 ЛП). Преобладают варианты:

C ac₂b – d (≈ 120 ЛП):

	Р		Б
	кива́ть	–	кѝмам
	плита́	–	пло́ча
	прямо́й	–	пра́в

C ac₂b – de (≈ 100 ЛП):

	Р		Б
	обсужда́ть	–	обсъждам
	молоко́	–	мляко
	чуде́сный	–	чу́ден

C ac₂b – e (≈ 70 ЛП):

	Р		Б
	оберну́ться	–	обърна се

о́бщество	–	общество́
темно́	–	тъмно

Значительно меньше лексических пар типа **C ac₂b – df** (≈30 ЛП):

Р		Б
пьяный	–	пиян

C ac₂b – def (≈ 20 ЛП):

Р		Б
открыва́ться	–	откри̇вам се

C ac₂b – f (≈ 20 ЛП):

Р		Б
обернуться	–	обърна се
сердце	–	сърце

C ac₂b – ef (10 ЛП):

Р		Б
продолжаться	–	продължа се

(13) **C ac₃a** (≈ 70 ЛП). Отношения пересечения в основах Р и Б при непересечении в их корневых морфах в данном случае вызваны тождеством или пересечением в аффиксальных морфах – суффиксальных или префиксальных.

Например:

Р		Б
улыбка	–	усмивка
выступление	–	изпълнение
горный	–	руден
тихо	–	бавно
приехать	–	пристигна

(15) **С ас₃а – d/e/f/de/df/ef/def** (≈ 160 ЛП). Преимущественно представлен вариант **С ас₃а – d** (≈ 120 ЛП). Например:

Р		Б
входить	–	влизам
гористый	–	планинест
немец	–	германец

Остальные варианты представлены отдельными ЛП.
С ас₃а – df (≈ 20 ЛП):

Р		Б
догадываться	–	досещам се
медленный	–	бавен

С ас₃а – de (9 ЛП):

Р		Б
переводить	–	премествам
юность	–	младост

С ас₃а – f (6 ЛП):

Р		Б
оглянуться	–	озърна се
неожиданно	–	неочаквано

С ас₃а – e (6 ЛП):

Р		Б
окружить	–	обкръжа
соглашение	–	споразумение

С ас₃а – ef (1 ЛП):

Р		Б
обязательно	–	задължително

С ас₃а – def (2 ЛП):

Р		Б
жидкость	–	течност

(16) С ac₃b (≈ 90 ЛП). Например:

Р		Б
обеспе́чить	–	осигуря́
весе́нний	–	про́летен
сверкну́ть	–	бле́сна

(17) С ac₃b – d/e/f/de/df/ef/def (≈ 240 ЛП). Преобладают ЛП типа С ac₃b – d (≈ 180 ЛП):

Р		Б
ожида́ть	–	оча́квам
разбива́ть	–	счу́пвам
нагру́зка	–	натова́рване
глубина́	–	дълбочина́

С ac₃b – df (≈ 40 ЛП):

Р		Б
броса́ться	–	хвъ́рлям се
уве́ренный	–	си́гурен

С ac₃b – de (10 ЛП):

Р		Б
де́вочка	–	моми́че
перевести́	–	прехвъ́рля

С ac₃b – f (9 ЛП):

Р		Б
испыта́ние	–	изпро́бване

С ac₃b – e (3 ЛП):

Р		Б
перейти́	–	премина́

С ac₃b – def (3 ЛП):

Р		Б
отве́тственный	–	отгово́рен

Вариант **C ac₃b – ef** в данном материале не представлен.

(18) **C aba** (≈ 110 ЛП). Например:

Р		Б
сапог	–	ботуш
окончить	–	завърша
ясный	–	ведър
нужно	–	трябва

(19) **C aba – d/e/f/de/df/ef/def** (≈ 380 ЛП). Основную массу составляют ЛП типа **C aba – d** (≈ 340 ЛП). Например:

Р		Б
доктор	–	лекар
идти	–	вървя
тихий	–	бавен

C aba – df (≈ 30 ЛП):

Р		Б
гулять	–	разхождам се
приниматься	–	захващам се

C aba – f (14 ЛП):

Р		Б
броситься	–	хвърлям се
хуже	–	по-лошо

C aba – de (1 ЛП):

Р		Б
прочность	–	якост

Вариант **C aba – e**, **C aba – ef** и **C aba – def** не представлены.

(20) **C abb** (≈ 200 ЛП). Например:

	Р		Б
	лесно́й	–	го́рски
	защища́ть	–	предпа́зя
	неде́ля	–	се́дмица

(21) **C abb – d/e/f/de/df/ef/def** (≈ 700 ЛП). Основную массу составляют ЛП типа **C abb – d** (≈ 600 ЛП). Например:

	Р		Б
	бежа́ть	–	ти́чам
	хвост	–	опа́шка
	маши́на	–	кола́
	ме́лочь	–	дребо́лия
	останови́ть	–	спи́рам

C abb – df (≈ 70 ЛП):

	Р		Б
	стара́ться	–	мъ́ча се
	встать	–	изпра́вя се

C abb – f (15 ЛП):

	Р		Б
	вы́рваться	–	изску́бна се
	ме́ньший	–	по-ма́лък

Лексические пары типа **C abb – e**, **C abb – de** и **C abb – ef** в данном материале не обнаружены.

Случай различия Р и Б по характеру основы (один член ЛП имеет простую, другой – сложную основу) при отношении непересечения основ и одинаковой акцентной характеристике Р и Б (т.е. случаи **C bba**) в данном материале не представлен.

Случай такого расхождения основ Р и Б при отношении их пересечения и одинаковой или различной акцентной характеристике представлен отдельными лексическими парами.

(22) **C bca**

Р	Б
сейчас	сега

(23) **C bca - d**

Р	Б
всемирный	световен

(24) **C bcb**

Р	Б
сегодняшний	днешен

(25) **C bcb** с дополнительной информацией (по показателю II):

C bcb – de:

Р	Б
холодный	хладнокръвен

C bcb – e:

Р	Б
чистый	чистокръвен

C bcb – ef:

Р	Б
значительно	многозначително

C bcb – def:

Р	Б
значительный	многозначителен

Итак, из выделенных на основе определенных критериев, учитывающих ряд параметров Ф-анализа, 27-ми случаев Ф-соответствий Р-Б в обработанном согласно избранной методике материале представлены 25.

Как и следовало ожидать, количественно преобладает тип **С**, который включает 23 случая Ф-соответствия Р-Б (≈4150 ЛП из общего числа (≈5400). Это отражает близкое родство русской и болгарской лексики.

Количественно наиболее ограничен тип **В**, включающий всего 20 ЛП. Значительно шире состав типа **А**, он в 10 раз превышает тип **В**, но вместе с тем сильно уступает типу **С**.

В типе **С** основную часть составляют его варианты **С** ac_2: случаи (10) – (17) – пересечение в корнях Р и Б (≈1270 ЛП), а также **С ab**: случаи (18) – (21) – непересечение в корне (≈1380 ЛП)

Сравнение двух других вариантов типа **С** – **С** ac_1 (тождество корней) и **С** ac_3 (непересечение корней) – показывает некоторое преобладание первого из них (800 ЛП : 560 ЛП).

Если принять во внимание характер соотношения Р и Б по корневому морфу и объединить в типе **С** случаи тождества и пересечения Р и Б в корне, противопоставив их случаям непересечения в корне, то окажется, что лексических пар с тождеством или пересечением в корнях Р и Б значительно больше (2460 : 1940).

Если же сравнить случаи тождества и пересечения основ Р и Б, с одной стороны, со случаями отношения непересечения основ, с другой, то разница в пользу первых будет еще более яркой (3020 : 1380).

Близкое родство русского и болгарского языков в данном случае получает подтверждение в конкретных результатах сопоставительного анализа русских и болгарских лексических единиц в плане их формы выражения.

Интересно отметить, что в типе **С** в случае тождества основ Р и Б, а также в случае тождества только их корней или пересечения в корнях значительно преобладают ЛП с одинаковой акцентной характеристикой ее членов.

Количественно более многочисленны случаи Ф-соответствия, лексические пары в которых характеризуются как по показателю I, так и по показателю II, т.е. имеют определенные особенности, связанные с грамматической, фонетической и графической характеристикой Р и Б. При этом в них преобладают лексические пары с дополнительной информацией по грамматическому критерию (–**d**), учитывающему различия в Р-Б не только в значении сопоставленных категорий, но и формы выражения при тождестве значения.

Полученные в ходе Ф-анализа и представленные в приведенной классификации данные требует тщательного изучения. Дальнейшее изучение каждого из указанных типов и случаев Ф-соответствия предполагает углубление анализа с дальнейшим ветвлением (дроблением) этой классификации, Объектом самостоятельного анализа при этом может стать любой из параметров сопоставления – на всем обработанном материале (на материале всей картотеки).

Изучение этих типов соответствия имеет целью, в частности, возможное уточнение содержания отдельных параметров, а также их взаимосвязи в характеристике (оценке) Р-Б с точки зрения их Ф-соответствия. Это касается, например, акцентного параметра (оценки Р и Б как совпадающих или различающихся по месту ударения), фонемного (фонетического) и графического параметров, взаимосвязи морфемного, фонемного и графического параметров, взаимосвязи разных (всех) параметров в зависимости от категориальной (частеречной) принадлежности Р и Б.

Расширение границ анализируемого материала и связанного с этим пополнения данной классификации, со своей стороны, будет служить проверке классификации и ее возможной коррекции и формированию более полных и обоснованных выводов.

4.2. Результаты содержательного аспекта сопоставительного анализа русско-болгарских лексических пар

4.2.1. Результаты содержательного аспекта сопоставительного анализа части обработанного материала, выделенного на базе [ЛОРЯ] (≈ 1760 Р-Б, образованных на основе ≈ 1040 исходных Р), отражены в [К сопоставительному описанию ...][29].

Ниже приводятся результаты С-анализа – в его собственно семантическом и семантико-лексическом аспектах – с учетом всего обработанного на основе [ЛОРЯ] материала, представленного в сопоставительной картотеке Р-Б (см. Глава 3).

4.2.1.1. Как уже было отмечено, в качестве объекта сопоставительного анализа в данном случае было выделено ≈ 2700 исходных Р, на основе которых было образовано выделено ≈4700 ЛП. Следовательно, одна исходная Р служит источником образования в среднем двух ЛП.

Анализ показал, что в исследованном корпусе Р-Б преобладают отношения асимметрии – как собственно семантической (Са), так и семантико-лексической (Ла). Отношения семантической асимметрии представлены в 3 раза шире, чем отношения семантической симметрии. Примерно такое же соотношение между лексической асимметрией и симметрией[30].

Сравнение распределения полученных лексических пар по типам соответствия показывает, что среди них количественно преобладает тип ПС: соответствий типа ПС в 3 раза больше, чем типа СЭЛП. Сравнительно небольшую часть всех соответствий образует переходный между СЭЛП и ПС тип СЭЛП–ПС (≈ 5%).

Эти результаты согласуются с данными, полученными в ходе анализа 588 исходных русских слов и описанными и

---

[29] К сожалению, до настоящего времени монографический сборник [К сопоставительному описанию...] остается неизданным (прим. ред.).

[30] Заметим, что в соответствиях типа ПС¹ наблюдаются отношения лексической асимметрии – по определению.

[СОРБЛ 1985], а также с данными, представленными в [К сопоставительному описанию…].

4.2.1.2. Наблюдается зависимость распределения ЛП по типам соответствия от структурно-семантической характеристики слов, в частности от принадлежности к части речи, от степени семантической сложности слова, его места в лексической системе языка (заметим, что особое место здесь занимает иноязычная по происхождению лексика).

Просмотр части материала (208 исходных Р – от *враг* до *выполнить*, от *кабинет* до *коммунист* и от *таблица* до *тянуться*, которые дали 434 ЛП) с точки зрения характеристики по типам соответствия с учетом частеречной характеристики исходной Р показал следующее распределение данных ЛП: имена существительные – 195, глаголы – 166, прилагательные – 40, наречия – 33.

При этом отношения Сс преобладают в лексических парах с исходном Р – существительным (их 68; прилагательных – 11, глаголов – 8, наречий – 8). Отношения Са представлены шире всего в глаголах (158), затем следуют существительные (127), прилагательные (29), наречия (25). В рамках каждой части речи преобладают отношения Са и Ла, причем наиболее ярко это выражено в глаголе, где соотношение между Са и Сс – 158:8 (в именах существительных – 127:68, прилагательных – 29:11, наречиях – 25:8. Отношения Са охватывают более трех четвертей всех ЛП, причем почти половину их составляют глагольные ЛП.

Отношения Лс представлены прежде всего в именах существительных. Соотношение Лс:Ла в них – 65:130, тогда как в глаголах оно 16:150.

Такое соотношение отражается и в количественном распределении типов соответствия по частям речи.

Среди соответствий типа СЭЛП преобладают имена существительные, на их долю приходится более 70% общего числа СЭЛП (среди существительных – 68, среди глаголов – 8).

Почти половину соответствий типа ПС[1] образуют существительные, примерно треть – глаголы, остальные распределяются почти поровну между прилагательными и наречиями.

Более половины соответствий типа ПС^2 образуют глаголы, почти четверть – существительные, остальные приблизительно одинаково представлены прилагательными и наречиями.

По типам соответствия – СЭЛП, ПС^1 и ПС^2 – данные 434 ЛП распределяются в рамках каждой части речи следующим образом: в именах существительных и прилагательных – почти равномерно; в глаголах значительно преобладают ПС^2 по сравнению с ПС^1 (≈ в 3 раза) и тем более – по сравнению с СЭЛП (≈ в 20 раз); в наречиях преобладает ПС, причем ПС^1 и ПС^2 количественно распределяются почти одинаково.

Приведенные количественные сведения показывают, что в данном материале, в котором основную массу составляют существительные и глаголы, представленные приблизительно одинаково, но с некоторым перевесом существительных, преобладание отношений Са по сравнению с Са, как и соответствий типа ПС по сравнению с СЭЛП, с одной стороны, и ПС^2 по сравнению с ПС^1 – с другой, связано именно с глагольными лексическими парами. Эти результаты согласуются с наблюдениями над глагольными ЛП с каузативной исходной Р. Так, 87 таких исходных Р дали 150 ЛП. Из них отношения Са характеризуют 121 ЛП; к типу СЭЛП относятся 27 ЛП, к ПС^1 – 43, а к ПС^2 – 88, т.е. более половины всех ЛП.

Наблюдения и выводы относительно распределения лексических пар по характеру собственно семантических и семантико-лексических отношений в исходной ЛП и по типу соответствия в зависимости от частеречной принадлежности исходной Р в общем согласуются с результатами, представленными в [СОРБЛ 1985: 183–187].

4.2.1.3. Остановимся коротко на выделенных в ходе анализа типах Р-Б соответствий.

тип соответствия	количество ЛП	%
СЭЛП	960	20%
СЭЛП–ПС	260	5%
ПС$^1_р$	250	5%
ПС$^1_р$→	950	20%
ПС$^1_б$	70	1,5%

тип соответствия	количество ЛП	%
ПС^2 Лс	50	1%
ПС$^1_б$→	210	4,5%
ПС^2 Ла	120	2,5%
ПС^2→ Лс	220	4,7%
ПС^2→ Ла	1600	35%
ПС^1 – ПС^2	40	0,8%

4.2.1.3.1. Характер СЭЛП. Соответствия типа СЭЛП составляют 20% обработанного материала Р-Б. Как уже было отмечено, преобладают СЭЛП, члены которых – имена существительные; среди глаголов СЭЛП встречается значительно реже.

Значительно преобладают СЭЛП, компоненты которых – Р и Б – не однозначные слова и, следовательно, семантическое пространство таких ЛП включает более одного толкования (СП>1). Их приблизительно в 4 раза больше, чем с СП=1. Сравнение с данными в [СОРБЛ 1985] обнаруживает здесь заметное расхождение в результатах: в [СОРБЛ 1985] количество ЛП типа СЭЛП с СП>1 и с СП=1 приблизительно одинаковое. Это различие можно объяснить характером анализируемого материала. В [СОРБЛ 1985] представлены, в частности, ЛП – имена существительные с исходным членом на букву М и спортивные термины (названия деятелей спорта), среди которых оказалось большое количество СЭЛП (оно приблизительно равно количеству соответствий типа ПС у существительных на букву М и сильно превышает количество ПС в спортивных терминах), причем здесь значительно преобладают ЛП, у которых СП>1, особенно это касается спортивных терминов. С расширением материала объект сопоставительного анализа стал более разнообразным и, в частности, семантически более сложным.

4.2.1.3.2. Характер ПС. Соответствия типа ПС составляют 75% всего материала Р-Б. Преобладающий тип ПС в нашем материале – это ПС^2, он составляет ≈ 40% всего материала и ≈ 60% соответствий типа ПС.

В ПС² представлены оба случая лексического распределения в Р-части и Б-части поля соответствия – симметрия (Лс) и асимметрия (Ла), однако с резким перевесом в сторону отношений Ла, которые почти в 7 раз превышают случаи Лс. И происходит это главным образом за счет количественного перевеса эквивалентов в Б-части ПС, т.е. преобладает правая Ла.

Среди соответствий типа ПС² с отношением Ла имеются соответствия с особенно сильно выраженной асимметрией частей, содержащие в одной (чаще – правой) части ПС несколько лексических единиц, а также метаязыковых и описательных выражений (МОп и Оп). Это касается в первую очередь глагольных ПС со словами широкой семантики, семантической диффузности которых соответствует в сопоставляемом языке больше одного эквивалента. Исходная ЛП в таких ПС образует обычно семантическое пространство, включающее большое количество толкований. Такого характера, например, поля соответствия (ПС²) с исходной р. *садиться* (образующей 10 ЛП с частично эквивалентными ей Б), в правой части которых появляются глаголы *сядам, качвам се, заемам, засядам, кацам, приземявам се, свивам се, залязвам, спадам, изтощавам се*, а также описательное выражение *влизам в затвора* и метаязыковые описания для таких значений глагола *садиться*, которые появляются, например, в сочетаниях *садиться на диету, снежинки (туман, пыль) садятся (садится) на ..., дом (фундамент, лодка) садится*. В левой, Р-части этих ПС содержится 2 – 4 члена.

Соответствия типа ПС¹ составляют ≈30% всего материала и ≈ 40% соответствий типа ПС (всех). Среди ПС¹ значительно шире представлен тип ПС¹$_р$, чем ПС¹$_б$: первых в 4 раза больше. Направленность проводимого сопоставительного анализа, а также ограниченность исследуемого материала не дают в данном случае основания для выводов более общего характера по поводу количественного соотношения ПС¹ с включающим Р и с включающим Б – какое слово, русское или болгарское, чаще оказывается семантически более широким (семантически включающим).

Поля соответствия, полученные в результате сопоставления лексических пар, которое ограничено второй ступенью сопоставительного анализа, объединяет два случая – закрытое ПС и открытое ПС. Наблюдения над материалом показывают, что закрытые ПС появляются при этом в следующих случаях.

Если лексической единице одного языка соответствует семантически больше одной лексической единицы в другом и последние полностью «покрывают» семантику исходной лексической единицы, получаем закрытое $ПС^1$ ($ПС^1_р$ или $ПС^1_б$).

Если Р и Б связаны отношением семантического пересечения, что обусловливает наличие белее чем одной лексической единицы в каждой части ПС, причем семантика лексической единицы $Р_1$ выражается в болгарском языке в $Б_1 + Б_2 + (Б_3 …)$, а семантика лексической единицы $Б_1$ в русском языке – в $Р_1 + Р_2 + (Р_3 …)$, получаем закрытое $ПС^2$.

Если имеем две (или более) ЛП, образующие соответствия типа СЭЛП с одной и той же исходной Р, получаем закрытое $ПС^1_р$

Закрытое ПС – частный и менее частый случай. Проанализированный материал показывает, что для полной семантической эквивалентности характерна более сложная структура, не замыкающаяся на второй ступени анализа. На первой и второй ступенях анализа преобладают $ПС^1 \rightarrow$ и $ПС^2 \rightarrow$, предполагающие продолжение сопоставительного анализа.

Подавляющее большинство ПС – открытые, их в 6 раз больше, чем закрытых. Сравнение с [СОРБЛ 1985] в данном случае показывает различие: там закрытых ПС выделено относительно намного больше, что следует связать прежде всего с характером материала, ставшего объектом анализа в первом и во втором случаях.

В составе ПС, особенно в $ПС^2$, наблюдаются многочленные соответствия со сложными семантическими отношениями внутри каждой его части. Среди них выделяются сильно разветвленные ПС, имевшие к тому же очень небольшую область пересечения в их семантическом пространстве, содержащем большое количество толкований. Таковы, например, ЛП р. *тянуть* – б. *карам* с тремя общими толкованиями из 17, р. *тянуть* – б. *тежа* (одно общее толкование в СП=44), р. *тянуться* – б. *тегля* (одно общее толкование в СП=36). Подобные ЛП нуждаются в специальном исследовании монографического характера, причем в сопоставительном описании с исходной Р (Р→Б) это касается в первую очередь Б-членов в ПС. Изменение направления сопоставления, когда исходной и в этом смысле основной станет Б, такие ПС могут быть уточнены. Вместе с тем, можно думать, осложнится и левая, русская часть соответствия.

4.2.1.3.3. Переходные (промежуточные) случаи соответствия. На настоящем этапе анализа выделено два таких случая: 1) между СЭЛП и ПС и 2) в пределах ПС – между ПС^1 и ПС^2.

4.2.1.3.3.1. СЭЛП–ПС

Переходный тип СЭЛП–ПС составляет небольшую часть обработанного материала (≈ 5%).

Из общего количества ЛП, образующих соответствия типа СЭЛП, ≈ 20% составляют СЭЛП, которые объединяются в поля соответствия, т.е. могут быть отнесены к переходному типу СЭЛП–ПС. В описываемом материале, согласно принятым ограничениям (данный переходный тип соответствия связан с синонимией в Б-части ЛП и представляет переход от СЭЛП к ПС$^1_р$ (преимущественно закрытому), см. Глава 1). Данный тип соответствия может быть рассмотрен с двух точек зрения: как СЭЛП, которая в силу наличия у Б-члена лексической пары синонимически связанной с ним лексической единицы, которая тоже является семантическим эквивалентом к исходной Р в данной лексической паре, ведет к ПС, или же как ПС, которое получено на базе СЭЛП.

Более половины таких соответствий образуется на основе исходной Р и двух (чаще всего) или более (трех, четырех) Б-эквивалентов, каждый из которых составляет с данной исходной Р соответствие типа СЭЛП. Члены их Б-части находятся между собой в отношении синонимии. Это «зеркальные» ПС с общей исходной Р и меняющимися порядком следования Б-эквивалентами типа:

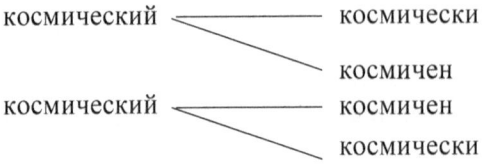

Четыре СЭЛП с исходной р. *изменяться* образуют четыре зеркальных $ПС^1_р$, в Б-части которых меняются местами *изменям се, променям се, меня се, изменявам се*.

СЭЛП–$ПС^1_р$(→) не зеркальные строятся на основе исходной Р и ее эквивалента Б₁, с которой Р составляет СЭЛП, а также и эквивалента Б₂ (Б₃...), с которым (которыми) Р составляет ПС. При этом Р – Б₂ (Р – Б₃...) образует соответствие типа $ПС^1_б$(→), $ПС^1_р$(→) или $ПС^2$(→). Например:

(1)

СЭЛП

      воспитание ——————— възпитание

$ПС^1_р$

      воспитание ⟨ възпитаване

                                     възпитание

СЭЛП–$ПС^1_р$

      воспитание ⟨ възпитание

                                     възпитаване

(2)

СЭЛП

      догадаться ——————— досетя се

$ПС^1_б$

      догадаться ⟩ сетя се

      вспомнить

СЭЛП–$ПС^1_р$→

      догадаться ⟨ досетя се

      --------------- сетя се

(3)

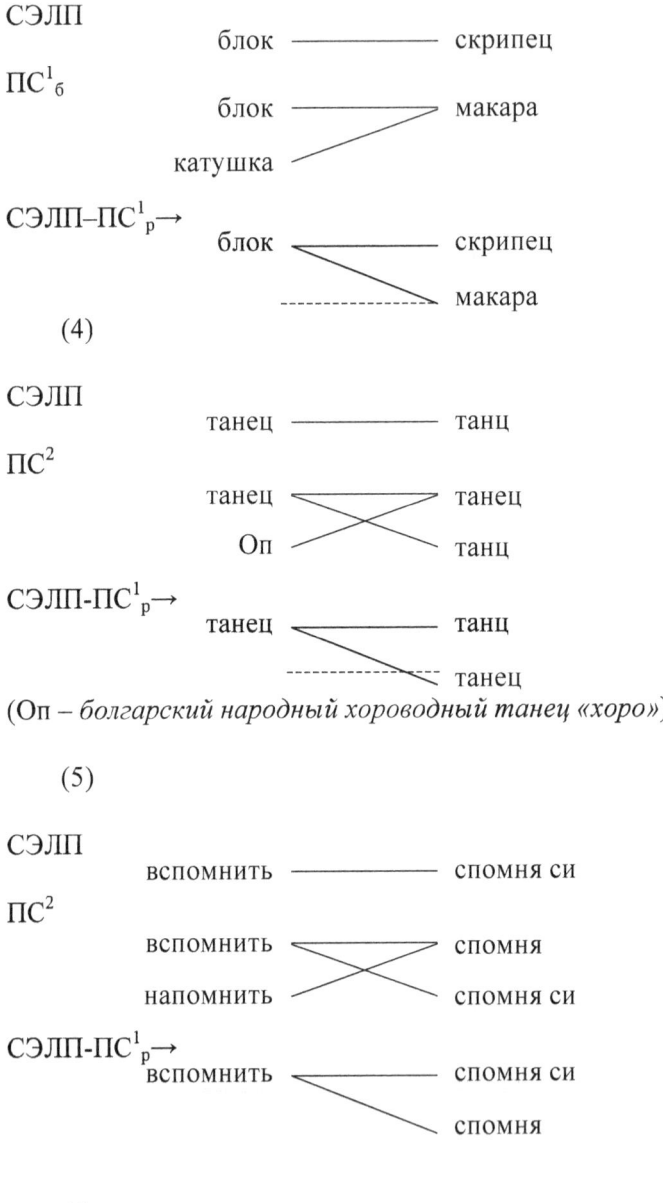

(Оп – *болгарский народный хороводный танец «хоро»*)

(5)

(6)

СЭЛП
ПС²

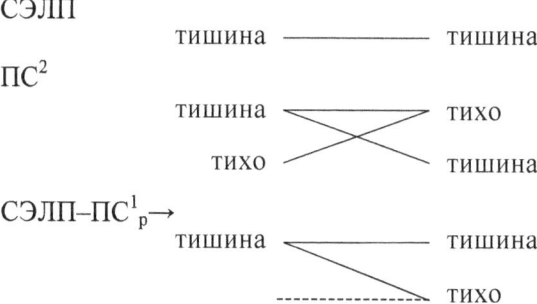

СЭЛП–ПС¹ₚ→

В приведенных примерах СЭЛП–ПС между Б₁ и Б₂ представлены отношения включения с включающей Б₁ – в (1), Б₂ – в (2)–(5) и пересечения – в (6).

Есть и смешанные случаи соединения СЭЛП с ПС разного характера. Например, р. *попробовать* образует СЭЛП с б. *опитам*, ПС²→ с б. *пробвам*, ПС² – с б. *изпробвам* и ПС¹ₚ→ с б. *опитам се*.

4.2.1.3.3.2. ПС¹–ПС²

В обработанном материале выделено некоторое количество соответствий переходного между ПС¹ и ПС² типа. В их образовании участвуют ЛП типа ПС¹б. Такие промежуточные ПС появляются при условии, что Р имеет эквивалентную Б, которая со своей стороны эквивалентна, помимо данной Р, также другим Р, что дает соответствия типа ПС¹б. Вместе с тем Р имеет другой (другие) эквивалент (эквиваленты), кроме Б, который синонимичен данной Б и который должен быть принят во внимание при построении поля соответствия данной Р, т.к. он образует семантически эквивалентную пару именно с данной исходной Р. Наложение (совмещение) таких ПС с общей исходной Р дает ПС².

Выделились два случая: исходное ПС¹б открытое и исходное ПС¹б закрытое. При этом образование ПС² представляет собой объединение или только ПС¹б→, или комбинацию ПС¹б→ с ПС¹ₚ→, ПС²→ или с СЭЛП.

(1) ПС¹б→, ведущее к ПС²(→)

А. ПС^2($\rightarrow$) образовано только на основе ПС$^1_6\rightarrow$. Таковы ПС:

Их объединение (на базе общей исходной Р) дает ПС$^2\rightarrow$:

Данная исходная Р – *терять* – образует, в сущности, три ПС^2, которые различаются только порядком следования Б-эквивалентов.

Аналогичный случай:

$ПС^2 \to$

(МОп ≈ 'X дает основание для ситуации Р': *заслуживать, допускать, …*)

Объединение трех $ПС^1_6 \to$ с общей исходной р. *проговаривать* и синонимичными Б-эквивалентами *проговарям, проговорвам* и *продумвам* также дает $ПС^2 \to$.

Две лексические пары с общей исходной Р, каждая из которых образует $ПС^1_6 \to$, ведет к $ПС^2$.

Например:

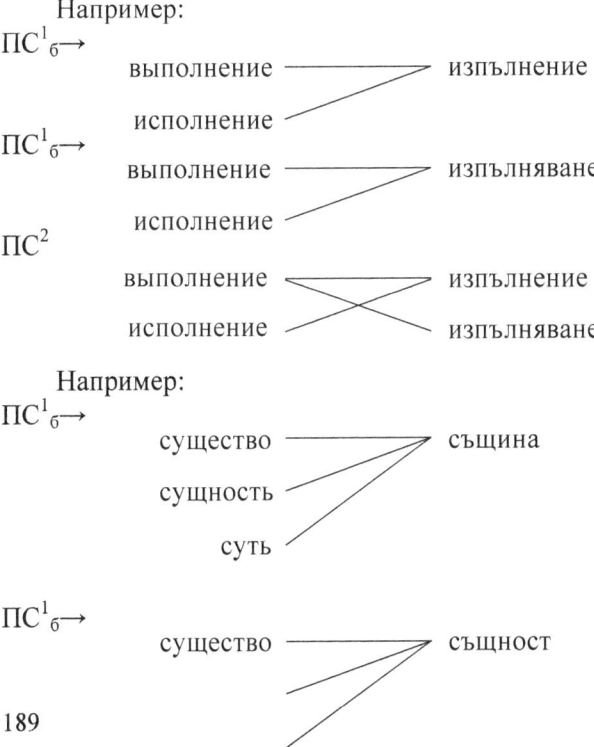

ПС² →
  сущность
   суть
  существо   същина
  сущность   същност
   суть

Б. ПС² → образовано на основе ПС¹₆ → и СЭЛП. Например:

ПС¹₆ →
  дружба ——— дружба
  Оп

СЭЛП
  дружба ——— приятелство

ПС²
  дружба   дружба
  Оп   приятелство

(Оп – *первичная организация БЗНС*)

Например:
ПС¹₆ →
  догадаться ——— сетя се
  вспомнить

СЭЛП
  догадаться ——— досетя се

ПС²
  догадаться   сетя се
  вспомнить   досетя се

Аналогичные отношения наблюдаются в ЛП р. *догадываться* – б. *сещам се*.

Б$_1$ и Б$_2$ в следующих ПС^2 находятся между собой в отношении семантического включения (Б$_1$ ⊂ Б$_2$):

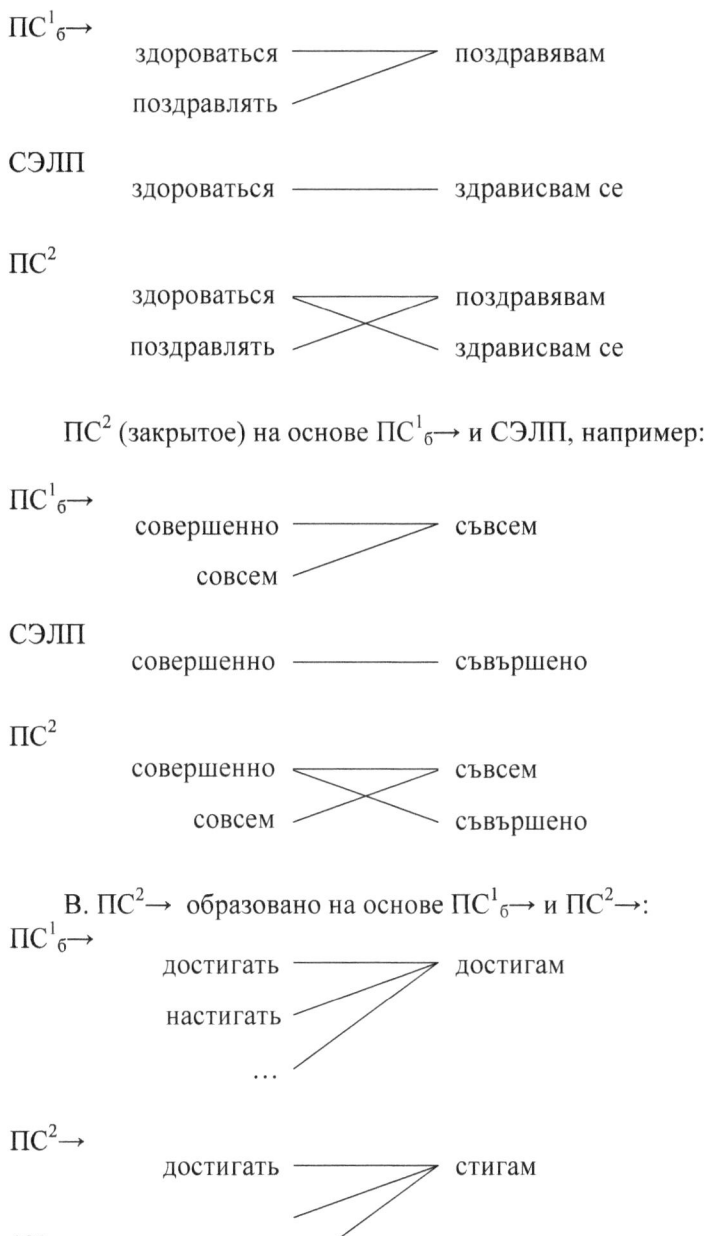

ПС^2 (закрытое) на основе ПС$^1_6$→ и СЭЛП, например:

В. ПС^2→ образовано на основе ПС$^1_6$→ и ПС^2→:

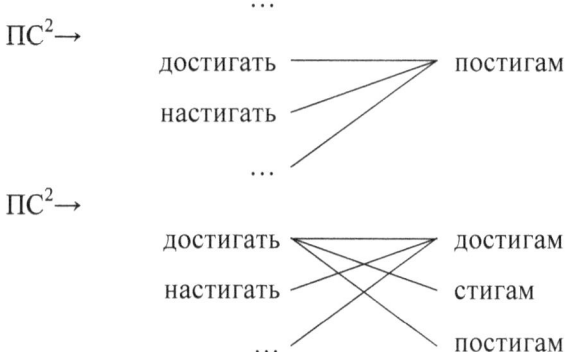

Аналогичные отношения в ЛП р. *достичь* – б. *достигна*, р. *обмениваться* – б. *разменям*, р. *обменять* – б. *разменя*, р. *около* – б. *наблизо*.

Г. ПС² → образовано на основе лексических пар – исходных для соответствий разного типа:

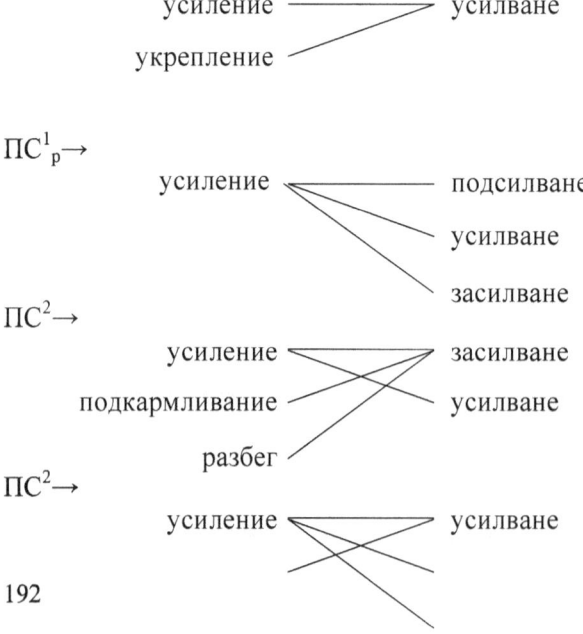

укрепление   подсилване
                            засилване

усиление   засилване
подкармливание   усилване
разбег   подсилване

(2) ПС^1_6, ведущее к $\text{ПС}^2\rightarrow$.

А. $\text{ПС}^2\rightarrow$ на основе объединения двух ПС^1_6.

Например:
$\text{ПС}^1_6\rightarrow$
     яблочный —————— ябълков
     яблоневый ——————

$\text{ПС}^1_6\rightarrow$
     яблочный —————— ябълчен
     яблоневый ——————

ПС^2
     яблочный —————— ябълков
     яблоневый —————— ябълчен

Например:
$\text{ПС}^1_6\rightarrow$
     расширить —————— разширя
     Оп ——————

$\text{ПС}^1_6\rightarrow$
     расширить —————— разшироча
     Оп ——————

ПС^2
     расширить —————— разширя

```
            Оп              разwidetилосроча
```
(Оп – *увеличить жилплощадь*)
Аналогичные отношения в ЛП р. *расширять* – б. *разширявам*.

    Б. $ПС^2(\rightarrow)$ на основе объединения $ПС^1_б$ и $ПС^1_р$. Например:

$ПС^1_б$
```
        ткань ─────────── тъкан
             Оп ─────────
```

$ПС^1_р$
```
        ткань ─────────── плат
                          тъкан
```

$ПС^2\rightarrow$
```
        ткань            тъкан
             Оп          плат
```

(Оп – *способ тканья*)
    В $ПС^2\rightarrow$ отношения семантического включения в Б-части ($Б_1 \subset Б_2$).

    В. $ПС^2$ на основе $ПС^1_б$ при наличии синонима у Б в виде составного наименования ($Б_1 \equiv Б_2$):

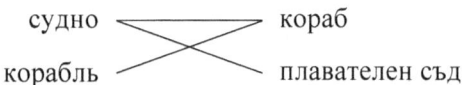
```
        судно            кораб
        корабль          плавателен съд
```

    Г. $ПС^2$ на основе $ПС^1_б$ и $ПС^1_р\rightarrow$:

$ПС^1_б$

$ПС^1_р\rightarrow$

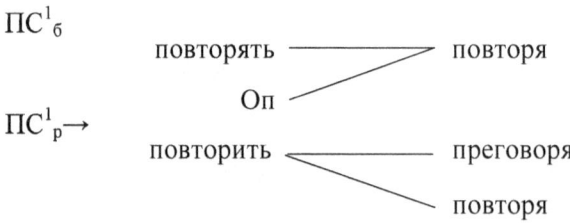
```
        повторять ─────── повторя
                 Оп
        повторить ─────── преговоря
                          повторя
```

ПС²

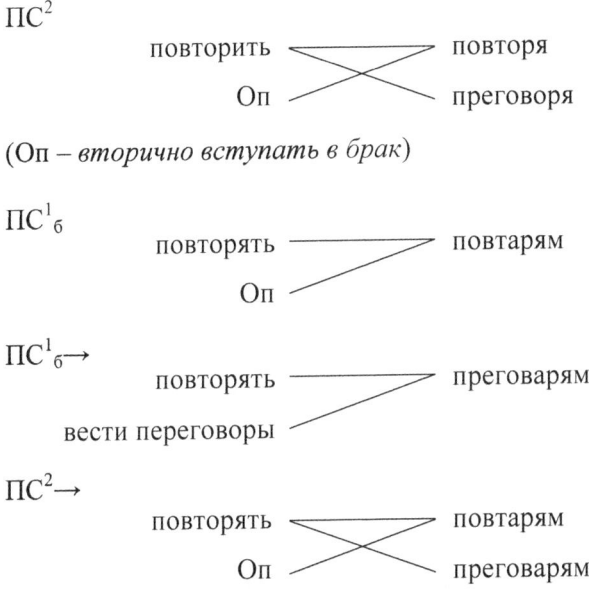

(Оп – *вторично вступать в брак*)

ПС¹₆

ПС¹₆→

ПС²→

Д. ПС² образовано на основе лексических пар – исходных для соответствий разного типа. Такие ПС² образуются на основе исходных Р *тщательный* и *тщательно* и их Б-эквивалентов, с которыми данные Р образуют ПС¹ₚ→, ПС¹₆, ПС¹₆→.

4.2.1.3.4. Совмещенные ПС.

Совмещенные ПС строятся на базе общей исходной Р и объединяют (совмещают) все ПС, которые образованы на основе лексических пар, включающих данную исходную Р и эквивалентные ей Б. В количестве совмещенных ПС относительно общего числа ПС и в их структуре отражается характер семантики исходной Р и эквивалентного ей выражения в лексике болгарского языка.

Выделенные в проанализированнном материале ≈ 3500 ПС объединяются в ≈ 1450 совмещенных ПС. В состав совмещенных ПС входят ПС, складывающиеся на основе переходного типа – СЭЛП–ПС и ПС¹–ПС²; часть их представляет совмещение зеркальных ПС (≈ 200). Это значит, что ≈ 1450 исходных русских слов, ставших в данном случае объектом попарного сопоставления с болгарскими лексическими единицами, ведет к образованию соответствий типа ПС (собственно ПС или СЭЛП–ПС. В последнем случае имеются в виду ≈ 100 Р, которые дают ≈ 200 зеркальных совмещенных ПС).

Среди совмещенных ПС количественно преобладают глагольные, за ними седуют ПС с исходной Р – именем существительным. Чаще всего совмещенные поля включают два ПС. Просмотр с этой точки зрения ≈ 100 совмещенных ПС с исходной Р на букву Т показал, что среди них 45 образовано от двух ПС, 27 – из трех ПС; есть совмещенные ПС из десяти и более ПС (таковы, например, ПС с исходными р. *тащить*, *тронуть*, *тянуть*).

При оценке количественного соотношения совмещенных ПС по частеречной принадлежности исходной Р следует иметь в виду, что глагольные видовые пары анализировались раздельно и каждая из них дает свое совмещенное ПС.

4.2.1.4. В поле соответствия члены одной его части (Р-части или Б-части) находятся между собой в определенных отношениях. Это прежде всего отношения семантической дополнительности или смежности.

Например, отношения семантической дополнительности между членами Б-части в ПС$^1_р$:

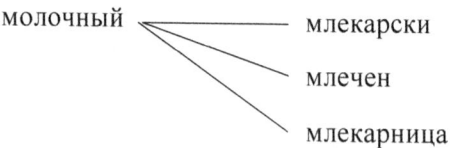

и между членами Р-части в ПС$^1_б$:

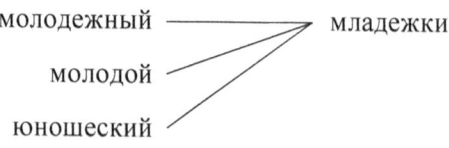

Отношения семантической смежности в Б-части ПС$^1_р$:

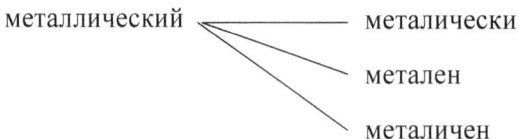

Особенно интересны в этом плане ПС типа ПС^2. Например, отношения семантической дополнительности в ПС^2 с исходной ЛП р. *сыграть* – б. *изсвиря* между членами Р-части *сыграть*, *прогулять* и *просвистать*, между членами Б-части *изсвиря* и *изиграя*; отношения семантической смежности в ПС^2 с исходной ЛП р. *существование* – б. *вегетация* между членами Р-части *существование*, *развитие* и *рост*, между членами Б-части *вегетация*, *съществуване* и *съществувание*.

Необходим детальный анализ материала под этим углом зрения, в чем отразится учет связей каждой из сопоставляемых лексических единиц в системе своего языка.

4.2.1.5. При условии, что, по крайней мере, один из членов ЛП – полисемантическое слово, возникает вопрос о степени семантической близости Р и Б, определяемой соотношением совпадающих и несовпадающих семем (в нашем случае – толкований) данных лексических единиц.

Для количественного определения степени семантической близости Р и Б может быть использована методика, примененная для измерения степени синонимичности и антонимичности в лексике (см. [Бережан 1973], [Иванова 1982]). Существует формула для вычисления степени семантической близости лексических единиц:

$$y = \frac{2c}{a + b}$$

Она может быть приспособлена для целей сопоставительного описания, если иметь в виду лексические единицы не одного и того же, а разных языков. Тогда **y** – степень близости (коэффициент семантической близости) Р и Б, **2c** – удвоенное число совпадающих в Р и Б толкований, **a** – общее число толкований у Р, **b** – общее число толкований у Б. Максимальная степень семантической близости Р и Б – тождество Р и Б – равна 1. Случаи включения и пересечения располагаются между 0 и 1[31].

Например, возьмем ЛП р. *заботливый* – б. *грижлив*. Исходя из того, что эти лексические единицы имеют тождественные толкования ('Х такой, который проявляет заботу', 'Х такой, который выражает заботу') и, кроме того, Б имеет толкование 'Х такой, который выполнен со старанием' (которого нет у Р), получим, по формуле, что степень их сходства определяется как равная 0,8.

Располагая семантическим описанием лексики двух языков, выполненным единообразно, можно таким образом «вычислить» степень сходства сопоставляемых лексических единиц на уровне сем (на основе толкований). Подобное определение коэффициента близости Р и Б – на основе словарных данных – представляется полезным.

Вместе с тем эта характеристика может быть дополнена соотношением толкований, принадлежащих только Р или только Б. При одном и том же коэффициенте семантической близости, выводимом по данной формуле, это соотношение может быть различным. С тем чтобы выявить эти данные для каждой лексической пары, можно сравнить количество общих для нее толкований с количеством толкований, принадлежащих только одному (или каждому) из членов данной лексической пары, образующей ПС.

Такие наблюдения на ограниченном материале (≈ 280 ЛП, выделенные на основе ≈ 160 исходных русских слов – существительных, прилагательных, глаголов и наречий) были проведены в курсовых и дипломных работах (см. с. 161–162).

Результаты этих наблюдений показывают, что основную часть проанализированного материала составляют русско-болгарские ЛП, коэффициент семантической близости в кото-

---

[31] Случаи семантического непересечения, дающие коэффициент семантической близости, равный 0, в нашем материале в принципе не должны появляться.

рых меньше единицы, т.е. прежде всего представлены соответствия типа ПС. Максимальная степень семантической близости (коэффициент семантической близости равен 1) характеризует ≈ 40 ЛП (тип СЭЛП).

Среди соответствий типа ПС наблюдается следующая зависимость.

В ПС^1 преобладают лексические пары, в которых коэффициент семантической близости (далее сокращенно КСБ) равен или больше, чем 0,5 (КСБ ≥ 0,5): соотношение между Р-Б с КСБ ≥ 0,5 и с КСБ<0,5 в ПС$^1_р$ ≈ 120:50, в ПС$^1_б$ ≈ 30:5. При этом количество толкований, которые есть только у одного из членов ЛП, в ПС$^1_б$, как правило, меньше, чем ПС$^1_р$. В ПС$^1_б$ Б-член исходной ЛП имеет обычно на одно (редко на два или три) толкование больше, чем Р-член данной лексической пары. Для ПС$^1_р$ характерен больший разрыв: разница только в одно толкование (в Р-члене ЛП) представлена приблизительно в одной трети лексических пар этого типа.

В ПС^2, в свою очередь, преобладают исходные ЛП, в которых КСБ их членов меньше, чем 0,5 (Р-Б с КСБ>0,5 ≈ 70, с КСБ<0,5 ≈ 190). У значительного количества Р и Б, образующих ПС^2, КСБ = 0,1; есть и Р-Б, в которых КСБ ниже (например, в ЛП с р. *составить* и б. *съставя* КСБ = 0,08, в ЛП с р. *тянуть* и б. *протягам, тегля, разтягам* КСБ = 0,05). В таких лексических парах при большом семантическом пространстве только одно толкование, общее для Р и Б.

Наблюдения над ≈ 360 Р-Б лексическими парами (выведенными на основе ≈ 190 исходных русских слов на буквы Г и Т по [ЛОРЯ]) с точки зрения коэффициента семантической близости между Р и Б с учетом их частеречной принадлежности[32] показали, что КСБ = 1 характеризует прежде всего имена существительные (40 ЛП), в меньшей мере прилагательные

---

[32] Цветкова И. Сопоставительный семантический анализ русских и болгарских лексических единиц (с применением автоматической обработки результатов). Дипломная работа (научный руководитель – И.Червенкова). Софийский университет им. Святого Климента Охридского. София, 1989.

(24 ЛП) и только 3 ЛП – наречия; следи глаголов в данном материале семантическое тождество не обнаружено.

КСБ≥0,5 характеризует лексические пары, главным образом образующие соответствия типа ПС^1, причем все ПС$^1_6$ в данном материале (21 ЛП) имеют исходные ЛП с КСБ≥0,5. В ПС^1_p преобладают исходные ЛП с КСБ≥0,5, причем количественные преимущество таких ПС^1_p особенно заметно в именах (у существительных и прилагательных лексические пары с КСБ≥0,5 в три раза превосходят лексические пары с КСБ<0,5).

КСБ<0,5 характеризует ⅔ всех Р-Б существительных, образующих ПС^2, и подавляющее большинство глагольных ПС^2 (55 из 70 ЛП). В наречных ПС^2 в два раза больше исходных ЛП с КСБ<0,5 (наречных лексических пар в данном материале вообще мало). И только среди исходных лексических пар – имен прилагательных, образующих соответствия типа ПС^2, в два раза больше Р-Б пар с КСБ≥0,5, чем с КСБ<0,5.

Приведенные наблюдения и обобщения относительно определения семантической близости между Р и Б в ЛП касаются ограниченного материала и носят предварительный характер. В то же время они говорят в пользу необходимости специального исследования всех анализируемых Р-Б лексических пар с точки зрения определения степени их семантической близости.

4.2.1.6. По характеру эквивалентности в ПС в подавляющем большинстве случаев наблюдается соответствие однословное: слово в Р-части – слово (одно или более) в Б-части ПС, т.е. эквивалентность на лексемном уровне (для полисемантических лексем – во всех или, обычно, в части их лексико-семантических вариантов).

При отсутствии такого однословного соответствия его место занимает расчлененная номинация (составное наименование), описательное выражение (Оп) или метаязыковое описание (МОп).

Случаи расчлененной номинации в данном материале редки. Они преимущественно связаны с существительными. Например:

$$Р \longrightarrow ББ$$

командировка	командировъчно удостоверение
лес	дървен материал
штат	шатна таблица
шуметь	вдигам шум

$$Б \longrightarrow РР$$

гардероб	камера хранения
квартал	жилой район
шапка	головной убор
жаля	носить траур (по ком-нибудь)

Несколько чаще наблюдается отсутствие определенного лексического соответствия, место которого в ПС занимает Оп. Например:

$$Р \longrightarrow Оп_б$$

фонарь	синина под окото от удар
хвост	невзет изпит; работа, която остава за довършване
обернуться	да отида (някъде) и се върна за сравнително малко време

$$Б \longrightarrow Оп_р$$

врат	задняя часть шеи
вход	плата за посещение
фактор	руководящее (ответственное) лицо
повторя	вступить в брак во второй раз

Значительно шире представлен случай метаязыкового описания смысла исходного слова (Р и Б), сопровождаемого возможными его лексическими реализациями в сопоставляемом языке.

Это, с одной стороны, МОп, выражающее смысл исходного слова (широкозначного с точки зрения лексики сопоставляемого языка), которому в сопоставляемом языке соответствует несколько лексических единиц – частичных эквивалентов (ЧЭЛ″), «в сумме» выражающих смысл данного исходного слова, являясь как бы его коллективным эквивалентом. Например:

р. *выступление* ⟶ 'устное публичное сообщение' (*реч, доклад, съобщение, изказване, слово*)
б. *фигура* ⟶ 'изображение предмета на чем-либо' (*рисунка, узор, разводы*)

Гораздо чаще, однако, представлены случаи частичного семантического пересечения возможных приблизительных эквивалентов (ПЭЛ), достаточно полного перечня которых дать на базе словарных источников трудно. Это МОп типа, например:

р. *садиться* ⟶ 'предмет Х в момент T_1 имел место в M_1 и в последующий момент T_2 под влиянием своего веса начинает иметь место в M_2, и M_2 находится ниже, чем M_1' <M_1 и M_2 – поверхность земли или воды> (*хлътвам, потъвам, газя дълбоко, …*)
б. *вися* ⟶ 'лицо Х проводит в месте М длительное время без дела' (*торчать, просиживать*)

Как частный случай метаязыкового описания использовались и лексические функции.

Например, ПС с исходной р. *мировой* включает выражение положительной оценки, одобрения, и данную Р можно рассматривать как реализацию лексического параметра MagnBon, который в болгарском языке может иметь разные соответствия, например: р. *мировая вещь, мировая работа, мировой парень* – б. *отличен, чудесен, световен, чудо, екстра, един път* (*мировой парень* – также *момче и половина*). В ПС с исходной р. *молодой* в толковании 'Х такой, который недавно приготовлен и еще не имеет достаточной крепости или остроты', т.е. 'X не достиг нормы качества' можно видеть реализацию лексического параметра AntiVer (Ver – 'истинный, правильный, соответствующий своему назначению; какой следует'[33]), которому в болгарском языке соответствуют разные лексические реализации при разных ключевых словах, например: р. *молодое вино* – б. *младо вино, некипяло вино, шира*; р. *молодой сыр* – б. *прясно сирене*.

Однако последовательного выделения лексических функций (случаев реализации определенных лексических функций) из числа МОп в описании данного материала не проведено, и нередки случаи, когда МОп, по-видимому, можно было бы представить с помощью некоторых лексических функций. Относительно более последовательно указывались наиболее стандартные лексические функции, например: Norm, Magn, Caus, Oper, Func, Fact, Real, Incep, Fin, Bon.

Соответствия типа МОп представлены в обработанном материале неравномерно. Можно видеть зависимость между наличием МОп в ПС и семантической сложностью сопоставляемых слов. В глагольных ПС, члены которых отличаются семантической емкостью, МОп появляются заметно чаще. Что касается их распределения между частями ПС, то определенно преобладают МОп в Б-части ПС. В объяснении этого факта необходимо учитывать принятую в нашем случае направленность сопоставительного анализа (Р → Б).

Итак, из ≈ 4700 Р-Б лексических пар (на основе ≈ 2700 исходных Р), которые в данном случае были объектом сопоставительного анализа в его содержательном аспекте, было выделено ≈ 500 закрытых ПС и ≈ 1220 СЭЛП, включая и СЭЛП, ведущие к ПС, что составляет почти треть всего проанализированного материала Р-Б лексических пар. Их анализ на данном этапе можно считать законченным. Это означает, что на данном этапе закончен сопоставительный анализ исходных Р. Остальная часть материала предполагает продолжение сопоставительного анализа на более глубокой ступени сопоставления, выходящей за пределы исходных лексических пар.

---

[33] См. [Мельчук 1974].

Продолжение и дальнейшее углубление сопоставительного исследования русско-болгарских ЛП, типы соответствия которых выделены на настоящем этапе работы, предполагает не только переход на следующие ступени анализа и последующую смену шагов сопоставления, но и описание лексических соответствий с точки зрения внутрисловной семантической организации Р и Б, а также с точки зрения характера отношений между лексическими единицами внутри каждой части ПС.

Анализ межсловных отношений между членами Р-части и между членами Б-части поля соответствия составляет отдельную и в особенности важную в плане сопоставления лексических систем проблему. Такое сопоставление включает прежде всего учет синонимических (и квазисинонимических), конверсивных, паронимических, гипонимических, деривационных отношений между лексическими единицами.

Дальнейшее углубление сопоставительного анализа связано также с детализацией описания семантических соответствий Р и Б с учетом их моносемантичиости – полисемантичности и возможности пересечения на уровне семемы и отдельного семантического компонента. В связи с этим представляется полезным применить схему соответствий лексических единиц, предложенную в [Штирбу 1977], на большом материале русской и болгарской лексики. Отношения семантического пересечения при этом могут быть конкретизированы с точки зрения меры общей части и характера отношения между Р и Б. В этом плане не интересный материал по сопоставлению лексических единиц на уровне семантических компонентов находим у Б.Плотникова [Плотников 1979], исследующего однокорневые славянские, в том числе русские и болгарские, слова, которые обнаруживают отношения семантического пересечения. Семантическое соответствие характеризуется по типу лексических отношений, отраженному в дифференциальном компоненте значения слов: род – вид, целое – часть, действие – результат, отношения противопоставления.

Анализ лексических соответствий в русском и болгарском языках в этом направлении составит содержание дальнейших исследований. Сопоставительный анализ будет расширяться по мере накопления материала, представляющего типы соответствия в русской и болгарской лексике как результат содержательного сопоставительного анализа в его собственно семантическом и семантико-лексическом аспектах, в основе которого лежит попарное сравнение русских и болгарских лексических единиц.

Отдельные лексические фрагменты (бо́льшие или меньшие но объему) материала, представленного в сопоставительной семантической картотеке, а также выходящего за ее пределы, стали объектом наблюдений, анализа и обобщения в ряде исследований, выполненных в соответствии с описанной методикой (см. Глава 2), авторами которых являются члены коллектива по сопоставительному описанию современной русской и болгарской лексики. Эти исследования в основном составили содержание двух работ: [СОРБЛ 1985] и [К сопоставительному описанию...].

В [СОРБЛ 1985] описаны с точки зрения типов семантических соответствий существительные с исходным русским словом на буквы Ж, И, М (авторы статей: М.Ганчева; М.Шахаран; Н.Ковачева), прилагательные на буквы Б, М (С.Станева; И.Червенкова), глаголы на букву Д, М (Е.Василева; А.Карловска), а также группа существительных – наименований деятелей спорта по олимпийским видам спорта (Г.Мишевска) и группа прилагательных размера (Г.Косева); лексические единицы в этих группах объединены по сематическому признаку, и попарный семантический анализ проводится между членами семантически тождественных лексико-семантических групп двух языков. В статьях дается характеристика лексических пар с точки зрения преобладающих типов соответствия в описываемом лексическом фрагменте, с точки зрения семантических отношений между членами в рамках каждой части ПС (в Б-части и в Р-части), с точки зрения вида эквивалента[34], с точки зрения результатов

---

[34] На отраженном в [СОРБЛ 1985] этапе работы символ МОп как обозначение определенного вида эквивалента еще не использовался и его место занимала запись смысла в единичных кавычках.

сравнения данных, полученных в процессе анализа, и словарных данных (в двуязычных словарях).

Кроме того, в данном сборнике представлены результаты сопоставительного семантического исследования Р и Б, находящихся между собой в отношении включения (с учетом возможных разновидностей включения) и являющихся следствием заимствования из одного и того же языкового источника (из французского языка). Стоящая несколько особняком по охвату материала и применяемой конкретной процедуре анализа, данная статья (автор – Т.Димитрова-Танчева) вместе с тем созвучна остальным по общей проблематике, подходу к материалу и направленности анализа.

В коллективной монографии [К сопоставительному описанию...] на конкретном материале рассматриваются различные стороны содержательного сопоставительного анализа.

На материале русско-болгарских лексических нар с исходными русскими словами *окно* и *огонь* показана – частично – процедура попарного сопоставительного семантического анализа на базе словарных данных[35].

Анализ нескольких Р-Б пар прилагательных (с исходными р. *голый, глупый, горький, государственный, грамотный, громкий, свежий, светлый, свободный*) показывает важность учета синтаксических свойств слова (и прежде всего – признакового) в попарном сопоставительном анализе лексических единиц[36].

Сравниваются результаты попарного сопоставительного семантического анализа 340 лексических пар прилагательных и глаголов с исходным русским словом на букву В с данными двуязычных словарей. Сравнение сопровождается анализом фактов[37].

---

[35] См. Косева Г. Семантический анализ лексических единиц русского и болгарского языков. Лексические пары с исходными словами *окно* и *огонь*. (рукопись)

[36] См. Липовска А. О сочетаемостных свойствах имен прилагательных в сопоставительном анализе. (рукопись)

[37] См. Станева С. Сопоставительный анализ русско-болгарских лексических пар и словари. (рукопись)

Эта тема (на материале имен существительных) нашла выражение и в опубликованной ранее работе [Ковачева 1986]. В обеих работах на конкретном материале показано, что расхождения обусловлены главным образом различием целей, связанных с составлением словаря и с попарным сопоставительным анализом лексических единиц, а кроме того неодинаковой степенью точности (детализации) анализа семантики лексических единиц. Расхождения проявляются в типе семантического эквивалента или в лексической реализации одного и того же типа эквивалента в данном конкретном случае

Проблема толкования – одна из центральных с точки зрения целей предпринятого сопоставительного описания лексики. Однако она еще недостаточно разработана, в частности, что касается толкования слов разных семантических типов (разрядов). В нашем сопоставительном описании используются, как это уже подчеркивалось, весьма приблизительные толкования. Проблема толкования, эксплицирующего структуру значения слова с учетом всех его компонентов («слоев смысла») как необходимого элемента адекватного сопоставительного семантического анализа обсуждается на материале русских глаголов перемещения[38]. Предлагаются толкования для четырех Р-Б пар каузативных глаголов перемещения (р. *принести* – б. *донеса*, р. *отнести* – б. *занеса*, р. *привезти* – б. *докарам*, р. *отвезти* – б. *закарам*).

Предлагаются наблюдения над разнообразным конкретным материалом и его анализ в семантическом плане, которые касаются сопоставления Р и Б с точки зрения их семантической структуры и с точки зрения деривационных отношений[39].

---

[38] См. Карловска А. Толкование лексического значения и сопоставительный семантический анализ. (рукопись)

[39] Червенкова И. Некоторые наблюдения над русско-болгарскими лексическими парами в семантическом плане. (рукопись)

4.3. Результаты сопоставительного анализа русско-болгарских лексических пар в обоих его аспектах – формальном и содержательном

4.3.1. Сопоставительный анализ, проведенный на одном и том же материале русско-болгарских лексических пар и в формальном, и в содержательном (семантическом) аспектах этого анализа, позволяет охарактеризовать данный материал с точки зрения соотношения между типом формального соответствия и типом семантического соответствия для каждой лексической пары. С этой целью обе классификации лексических пар – с точки зрения Ф-анализа и С-анализа – были совмещены, причем за исходную была принята классификация по типам семантических соответствий. В пределах каждого типа семантических соответствий материал классифицировался по типам формального соответствия. Такая двойная (ступенчатая) классификация Р-Б, представленная отдельной картотекой, дает материал для анализа связей и зависимостей между формальными и семантическими соответствиями Р-Б лексических пар. Этот материал требует тщательного изучения. Просмотр данной картотеки формально-семантических соответствий дает основание для некоторых предварительных обобщений.

Как уже было отмечено (с.175–176), в лексических парах всех типов семантического соответствия преобладает формальное соответствие типа **С** (пересечение основ Р и Б). Этот тип представлен прежде всего подтипом C_3 в его варианте **С аса – d/e/f/...**, причем главным из них является случаи пересечения Р и Б в корне (**С ас$_2$а – d/e/f/...**).

Среди лексических пар типа СЭЛП этот вариант составляет более половины всех ЛП и характеризует прежде всего именно СЭЛП; далее следует вариант **С ааа – d/e/f/...**, за ним – тип **А** (тождество основ Р и Б; прежде всего – среди лексических пар типа СЭЛП с отношением Ис между Р и Б. Основная часть типа **А** и подтипа C_1 – **С ааа – d/e/f/...** представлена именно среди таких ЛП).

Среди лексических пар типа СЭЛП–ПС, $ПС^1_б$ и $ПС^1_р$ вариант **С аса – d/e/f/...** составляет ≈ ⅓; далее следует вариант **С** acb – d/e/f/...; в лексических парах типа ПС$^1_р$→ с отношением Иа между исходными Р и Б этот вариант составляет ≈ ⅔.

Среди лексических пар типа ПС^2 заметное место занимает вариант **С abb – d/e/f/...** .

Среди лексических пар типа ПС^2 (закр.) приблизительно одинаково представлены варианты **С аса – d/e/f/...**, **С acb – d/e/f/...** и **С abb – d/e/f/...** .

Среди ЛП типа ПС^2→ с отношением Ис между исходными Р и Б вариант **С аса – d/e/f/...** составляет ≈ ¼, далее количественно выделяются варианты **С acb – d/e/f/...** и **С abb – d/e/f/...**

Среди лексических пар типа ПС^2→ с отношением Иа между исходными Р и Б (самом многочисленном разряде Р-Б в нашей картотеке) преобладает вариант **С abb – d/e/f/...** (≈¼) далее количественно выделяются варианты **С acb – d/e/f/...** , **С аса** и **С aba – d/e/f/...** , представленные прежде всего лексическими парами типа ПС^2→ Иа.

Тип **В** (непересечение основ Р и Б), представленный в нашем материале количественно совсем ограниченно, среди некоторых типов семантических соответствий вообще отсутствует (СЭЛП Иа, ПС$^1_6$, ПС^2, ПС^2→ Ис).

Отсутствует среди некоторых типов семантического соответствия и вариант **С aaa – d/e/f/...** (ПС^2), **С aab** (ПС^2, ПС^2→ Ис), **С aab – d/e/f/...** (ПС$^1_р$, ПС$^1_р$→, ПС^2, ПС^2→ Иа).

Приведенные данные показывают определенную зависимость между типом семантического и формального соответствие в Р и Б: увеличению семантической сложности (от СЭЛП к ПС^2) отвечает увеличение степени формального различия между Р и Б.

4.3.2. Исследований, которые в равной мере включали бы попарный Ф-анализ и С-анализ лексических единиц Р и Б, охватывая при этом большие лексические «участки», пока что мы не имеем. В настоящее время имеются наблюдения над материалом, проанализированным как в формальном, так и в семантическом аспекте, в которых материал подвергается С-анализу только по некоторым параметрам и внимание в основном уделяется С-анализу.

4.3.2.1. Работы такого рода представлены в [К сопоставительному описанию…].

В проанализированном посредством попарного сравнения Р и Б материале выделена некоторая его часть, объединенная по формальному признаку в так называемые слова-аналоги. Р-Б аналоги неоднородны с точки зрения их формального подобия. Это послужило основанием для разграничения собственно аналогов и квазианалогов. Приводятся наблюдения над Р и Б аналогами с учетом характера семантических отношений и семантико-лексического соответствия между ними[40].

С точки зрения типологии формально-семантических отношений (в данном случае учитывается фонематический параметр) между русской и эквивалентной ей болгарской лексическими единицами рассматриваются межъязыковые лексические соответствия омонимического характера – апроксиматы[41], а также паронимического характера – на материале шести ЛП с исходными русскими словами *водный, водяной, дождевой, дождливый, земляной, земной*[42].

Анализируются отношения соответствия между этимологически тождественными Р и Б (т.е. имеющими определенное соответствие в плане выражения), заимствованными русским и болгарским языками из одного языкового источника – французского языка[43] и английского языка[44].

Представлен опыт попарного сопоставительного анализа, включающего формальный и семантический аспекты, примененный к описанию лексического материала, объединенного

---

[40] Червенкова И. Русско-болгарские лексические аналоги. Некоторые наблюдения на базе словарных данных. (рукопись)
[41] Чонгарова И. Русско-болгарские лексические пары омонимического характера (апроксиматы). (рукопись)
[42] Шахаран М. Сопоставительный анализ русских и болгарских лексических единиц и паронимия. (рукопись)
[43] Димитрова-Танчева Т. О семантическом тождестве русских и болгарских слов, заимствованных из французского языка. (рукопись)
[44] Мишевска Г. Семантический анализ русской и болгарской спортивной лексики, заимствованной из английского языка. (рукопись)

категориальной (грамматической) семантикой[45]. Определены типы родо-числовых соответствий русских и болгарских имен существительных и описаны семантические отнесения между русскими существительными общего рода и их болгарскими соответствиями. Анализируются каузативный и соотносительный с ним некаузативный глаголы, образующие пару в русском языке, сопоставительно с болгарским и, с другой стороны, пары таких пар (русской и болгарской) и определяются типы соответствий в них.

Данная работа показала продуктивность излагаемого здесь подхода к сопоставительному описанию языка не только в части лексики, но и грамматики. В нем нашло выражение применение понятия лексической пары (ЛП) в области сопоставительного описания грамматических явлений. В данном случае ЛП используется как объект анализа не лексических, а определенных грамматических явлений в сопоставительном плане, и тем самым расширяется сфера понятия лексической пары в сопоставительном описании (см. также [Ковачева 1987]).

Строится классификация Р-Б пар имен существительных, отражающая характеристику с точки зрения категории рода и числа, включающая 16 типов.

Анализ каузативных и соотносительных с ними некаузативных глаголов в русской и болгарской лексике осуществляется также на основе лексических пар, однако в данном случае характер материала соотносительные каузативный и некаузативный глаголы в каждом из сравниваемых языков – приводит к выделению в качестве объекта анализа уже не Р-Б ЛП, а глагольные лексические пары в каждом из языков – отдельно в русском и в болгарском. Эти пары объединены тем, что исходные единицы в каждой из этих пар эквивалентны между собой. Это пары типа р. *будить/просыпаться* – б. *будя/будя се*, р. *ломать/ломаться* – б. *чупя/чупя се*, р. *учить/учиться* – б. *уча/уча се*. Именно такого рода усложнен-

---

[45] Ковачева Н.П. Существительные общего рода русского языка в сопоставлении с болгарским. (рукопись); Ковачева Н.П. Каузативные и соотносительные с ними некаузативные глаголы в русской и болгарской лексике. (рукопись)

ная лексическая пара – пара лексических пар (двойная лексическая пара становится здесь единицей объекта сопоставительного анализа. Логично предположить, что приложенный в данном случае Н.Ковачевой анализ путем сопоставления соотносительных пар лексических единиц двух языков может быть использован в сопоставительном описании лексического материала с точки зрения выражения и других грамматических явлений (например, видового, залогового противопоставления).

4.3.2.2. Деривационные связи Р и Б, образующих одну ЛП, в их формально-семантическом аспекте были объектом анализа отдельных дипломных работ, выполненных на кафедре русского языка Софийского университета. В одной из них прослеживается деривационные отношения имен существительных (непроизводных) со значением не-лица в русском и болгарском языках на базе словарных данных (с исходным русским словом на букву В)[46]. Рассматривается синтаксическая (транспозитивная и нетранспозитивная) и лексическая деривация. Проанализировано 163 Р-Б пары как исходные (мотивирующие) по отношению к своим дериватам. Наблюдения над материалом показали, что для Р и Б как членов ЛП чаще всего характерна зависимость между семантической емкостью исходной лексической единицы и ее дериватов. В большинстве случаев однозначные исходные лексические единицы имеют также однозначные дериваты, многозначные исходные лексические единицы – многозначные дериваты. Так, из 45 лексических пар, образованных однозначными Р и Б, 34 образуют однозначные дериваты ($\approx 76\%$) и 11 многозначных. Из 78 лексических пар, включающих многозначные лексические единицы, 52 ЛП ($\approx 75\%$) образуют многозначные дериваты, причем большую часть составляют ЛП, дающие дериваты и в русской, и в болгарской части соответствия.

---

[46] Хасанова С. Формально-семантический анализ русско-болгарских соответствий и их дериватов. Дипломная работа (научный руководитель – И.Червенкова). Софийский университет им. Святого Климета Охридского. София, 1981.

В другой дипломной работе[47] деривация в русской и болгарской лексике описывается на примере одного вида деривационных отношений, анализируются ≈ 350 русских глаголов со значением действия и производных от них имен существительных со значением деятеля в сопоставлении с болгарской лексикой. Русский глагол сравнивается с соответствующим ему болгарским глаголом с точки зрения наличия / отсутствия деривата – имени существительного со значением деятеля. Часть русских глаголов, образующих деривационные пары с существительными (≈ 60%), не имеет соответствующих деривационных пар в болгарской лексике. В случае наличия соответствующей деривационной пары в болгарской лексике объектом сопоставительного анализа становилась пара деривационно связанных в каждом из сравниваемых языков – в русском и в болгарском – лексических единиц (глагола и имени существительного), т.е. пара пар лексических единиц (деривационно связанных) русского и болгарского языков: Р - Р′ — Б - Б′, где Р и Б - глаголы и Р′ и Б′ – их дериваты в русской и болгарской лексике соответственно. В данном случае, следовательно, понятие пары лексических пар используется в сопоставительном анализе деривационных связей Р и Б[48]. Деривация в русском и болгарском членах таких пар сравнивалась в формально-семантическом плане: способ и средство образования; тождество / нетождество семантического соответствия между исходным словом и его дериватом в русском и болгарском членах пары; семантическое тождество / нетождество Р′ и Б′ дериватов. Более половины русских и болгарских деривационных пар (≈ 200) характеризуются как семантически тождественные, при этом в большей части из них (125) наблюдается и формальное тождество основ (в корне и в суффиксе). Отношения частичного семантического совпаде-

---

[47] Лупу С. Лексическая и синтаксическая деривация типа *строить – строитель* в русском и болгарском языках в сопоставительном плане. Дипломная работа (научный руководитель – И.Червенкова). Софийский университет им. Святого Климета Охридского. София, 1981.

[48] Ср. о паре лексических пар в сопоставительном анализе грамматических явлений, с. 211–212.

ния дериватов (включение или пересечение) отмечены в ≈ 30 парах. Полное семантическое расхождение Р′ и Б′ дериватов представлено единичными примерами.

4.3.2.3. Опыт сопоставительного анализа отдельных Р-Б лексических пар, который содержит и формальный, и семантический аспекты сопоставления, представлен в дипломной работе, выполненной в рамках принятой в нашем случае методики[49].

На основании проделанного анализа, рассматриваемые две глагольные Р-Б лексические пары включаются в определенные типы формальных и семантических соответствий, выделенные в описанных выше классификациях (см. с. 52–56, 93–94). ЛП р. *класть* – б. *слагам*, р. *класть* – б. *поставям*, р. *ставить* – б. *поставям* относятся с точки зрения Ф-анализа к типу **C aba – d/e/f/...** и с точки зрения С-анализа к типу $ПС^2$ – Ла Иа; ЛП р. *ставить* – б. *поставям* – к типу **C ac$_1$a – d/e/f/...** к типу $ПС^1_p$ – Иа.

Сопоставительное описание данных ЛП в его содержательном аспекте включает сравнение членов лексических пар не только с точки зрения семантики данных лексических единиц, но и с точки зрения парадигматических и синтагматических связей каждой из них, их модели управления и лексической сочетаемости, что дает более полное представление о соответствии каждой из этих лексических единиц в системе сопоставляемого языка.

Результаты сопоставительного анализа одной из лексических пар – р. *класть* – б. *слагам* – представлены в виде словарной статьи для русско-болгарского словаря толково-комбинаторного типа, иллюстрирующей возможный «выход» попарного сопоставительного анализа лексических единиц двух языков в двуязычную лексикографию.

---

[49] Тодорова Е. Русские глаголы *класть* и *ставить* в сопоставлении с их семантическими эквивалинтами в болгарском языке (Формальный и семантический аспекты сопоставительного анализа). Дипломная работа (научный руководитель – И.Червенкова). Софийский университет им. Святого Климета Охридского. С., 1989.

ЗАКЛЮЧЕНИЕ

Наблюдения над лексикой современного литературного русского и болгарского языков с позиций сопоставительной лингвистики – с учетом специфики близости этих языков и условий для сопоставительного исследования этой лексики в настоящее время – привело нас к выбору подхода в сопоставительном исследовании этой лексики, которой был изложен в Главе 2, применение которого – с его результатами – было показано в Главе 3 и Главе 4 и нашло отражение в *Сопоставительной картотеке русско-болгарских лексических пар* (Софийский университет им. Святого Климента Охридского).

Определяющим для этого подхода в предпринятом нами сопоставительном описании лексики является признание необходимости поэтапности сопоставительного анализа русской и болгарской лексики.

Представленное здесь сопоставление составляет первый (начальный) этап сопоставительного описания современной лексики русского и болгарского языков. Характерными чертами этого этапа являются следующие особенности:

1. Единицей объекта анализа на данном этапе является русско-болгарская лексическая пара, состоящая из лексических единиц – Р и Б – как единиц лексических систем двух близкородственных языков.

Сопоставительный анализ Р и Б как членов одной лексической пары (попарный анализ лексических единиц двух языков) не означает возврата к периоду атомизма в изучении лексики, а рассматривается как необходимое звено в сопоставительном исследовании лексики.

2. В сопоставительном описании Р-Б лексических пар принимается во внимание специфика близости русской и болгарской лексики.

3. Сопоставительный анализ осуществляется в двух аспектах, соответствующих двусторонности лексической единицы как языкового знака, и состоит из двух частей, условно называемых формальной (Ф-анализ) и содержательной (С-анализ).

4. В исследовании применяется односторонний двунаправленный сопоставительный анализ Р и Б с исходной русской лексической единицей – Р (со сменой направления анализа: Р → Б, Б → Р).

5. Объектом анализа являются лексические единицы, отобранные на основе словарей (одноязычных – русского и болгарского языков – и двуязычных) путем сплошной выборки, но с ограничением материала, обусловленного тем, что в качестве исходного (отправного) языка взят русский язык. Список исходных русских слов составлен прежде всего по словарю [ЛОРЯ].

6. Ф-анализ лексических пар строится на базе ряда параметров, что позволяет дать характеристику каждой лексической пары по единой схеме и представить типологию Ф-отношений между Р и Б в лексических парах с классификацией всего обработанного материала по выделенным типам.

7. С-анализ на данном этапе сосредоточен на сопоставлении семантики Р и Б.

Экспликацией семантического содержания лексической единицы считается ее толкование. Толкование является основанием сравнения Р и Б с точки зрения семантической. Толкование Р и Б как членов одной лексической пары составляет их семантическое пространство, которое представляет собой tertium comparationis в данном сопоставительном анализе.

Толкования строятся на основе имеющихся для современного русского и для современного болгарского языков словарных данных с учетом требований современной лексической семантики и лексикографии. Толкование формулируется на русском языке (с ограниченным использованием символики).

8. С-анализ имеет два аспекта. Это, во-первых, собственно семантический аспект анализа, выявляющий характер семантического отношения между Р и Б как семантическую симметрию (=семантическое тождество) или асимметрию (=семантическое включение или пересечение). И, во-вторых, это семантико-лексический аспект анализа, в результате которого устанавливается соответствие лексической единицы одного языка в лексике другого и определяется тип соответ-

ствия для данной лексической пары как семантически полностью эквивалентной (СЭЛП) или образующей поле соответствия (ПС – в одной из своих разновидностей, в том числе и переходный тип СЭЛП–ПС).

Строится типология С-соответствий между Р и Б на данном этапе анализа (с выделением закрытых и открытых полей соответствия).

9. В роли эквивалентов анализируемых лексических единиц в данном сопоставительном описании выступают однословные наименования или расчлененные (составные) наименования, представляющие собой полные или неполные семантические эквиваленты исходной лексической единицы; описательные выражения (Оп), свидетельствующие об отсутствии у исходной лексической единицы семантического эквивалента в лексике сопоставляемого языка и представляющие ее эквивалент уже на синтаксическом уровне (Оп принадлежит сопоставляемому языку и формулируется на нем); метаязыковые выражения (МОп), отражающие наличие неполных – частичных или приблизительных – эквивалентов в сопоставляемом языке (область безэквивалентной лексики особого рода в лексике исходного языка по отношению к сопоставляемому), не все из которых выявлены на данном этапе анализа, ограниченном словарными данными.

10. Каждая русско-болгарская лексическая пара в результате анализа получает двойную характеристику: с точки зрения Ф-анализа и с точки зрения С-анализа. Это дает возможность классифицировать весь обработанный лексический материал, принимая во внимание итоги обоих аспектов анализа и беря при этом за исходное, определяющее в классификации результаты Ф-анализа или С-анализа. Выводятся типы Ф-С отношений между Р и Б на основе их попарного сопоставления.

Обработанный на основе такого подхода лексический материал составил сопоставительную картотеку пар лексических единиц русского и болгарского языков.

Наблюдения над этим материалом, его анализ, некоторые обобщения и выводы представлены в ряде опубликованных уже или подготовленных к печати работ членов коллектива, предпринявшего, в соответствии с таким подходом, сопоставительное описание русской и болгарской лексики.

Продолжение работы в области сопоставительного описания современной русской и болгарской лексики в русле того же подхода представляется нам в следующих направлениях.

Во-первых, это связано с расширением и углублением анализа материала картотеки – в ее формальной и содержательной частях. Во-вторых, это связано с подготовкой и последующим этапом сопоставительного анализа, с иной, не ограниченной словарями базой.

Сопоставительная картотека в настоящем ее виде содержит большой по объему и разнообразный по характеру материал, требующий дальнейшего тщательного изучения как в формальном, так и в содержательном плане, в частности и семантическом: изучения результатов Ф-анализа, типов Ф-соответствий, результатов С-анализа, типов С-соответствий, а также типов Ф-С соответствий русско-болгарских лексических пар.

Так, необходим дополнительный анализ семантических отношений Р и Б в лексической паре, более строгое и последовательное сравнение Р и Б с точки зрения их семемного состава и семемной структуры (компонентов семем). Это позволит уточнить характеристику лексических пар по признаку иерархической симметрии / асимметрии семантической структуры составляющих их Р и Б. Такой анализ, в частности, должен быть использован при решении вопроса о последовательности эквивалентов к данной исходной при наличии нескольких эквивалентов. Например, если у Р данное толкование (эксплицирующее семему или часть ее) занимает первое место в записи ее семантического пространства и Р имеет больше одного Б-эквивалента, то первым среди них следует считать тот эквивалент, для которого данное толкование является тоже первым (в записи его семантического пространства). Понятно, что это имеет непосредственное отношение к лексикографии.

Для выделения сферы семантической близости между Р и Б следует установить долю совпадавших и различающихся толкований у Р и Б (в каждой лексической паре) в их общем семантическом пространстве.

Дальнейший сопоставительный анализ Р и Б, образующих поля соответствия (ПС), связан с изучением той двуязычной ситуации, в которую они входят. Это означает, среди прочего, исследование всех ПС с точки зрения отношений между составляющими ПС членами в каждой из его частей (т.е. между Б-эквивалентами данной Р и между Р-эквивалентами данной Б).

Дальнейшего изучения требует тот случай эквивалентного соответствия, который в нашем описании получил название метаязыкового выражения (МОп), за которым скрываются прежде всего частичные и приблизительные эквиваленты или соответствия широкозначным исходным лексическим единицам. Следует расширить круг попарного соответствия Р и Б засчет включения в него лексических единиц, спрятанных пока за МОп.

Подготовка к последующим этапам сопоставительного анализа, связанным с более широкой – по сравнению со словарной – базой, означает в первую очередь создание этой базы. Создание специальных картотек на основе разных письменных источников современного литературного языка (русского и болгарского), широко отражающих парадигматические и в особенности синтагматические связи Р и Б, их сочетаемость – семантическую и лексическую, недостаточно учитываемую на начальном этапе сопоставительного анализа, опирающегося на словарные данные. Это, в частности, дает возможность провести более углубленный сопоставительный анализ лексических единиц с особо сложной семантической структуры, в том числе широкозначных, дополнив тем самым и уточнив результаты данного сопоставления таких лексических единиц.

Такая картотека должна отразить функционально-стилистическую сферу употребления, характеризующую данные Р и Б.

Таким образом более полно будет представлена двуязычная ситуация для каждой русско-болгарской лексической пары. Более глубоким и детализованным станет содержательный аспект сопоставительного анализа, который выйдет за рамки только семантического сопоставления.

Далее, попарный сопоставительный анализ русской и болгарской лексики должен быть расширен распространением его на сферу разговорной речи. Здесь, очевидно, нужна особая подготовительная работа по сбору материала для анализа (прежде всего записи устной речи) и выработка конкретной методики и процедуры такого сопоставительного анализа, обусловленных спецификой объекта в данном случае.

На базе такой картотеки (как базы данных) будет расширяться охват подвергаемого сопоставительному исследованию лексического материала.

Расширение границ сопоставляемой лексики должно идти и засчет включения в объект анализа фактов расчлененной номинации – составных наименований. Этот материал, малоизученный в рамках одного языка, заслуживает особого внимания в плане задач сопоставительного описания современной русской и болгарской лексики.

Следует подчеркнуть, что расширение корпуса сопоставляемой лексики предполагается проводить не просто путем включения новых лексических единиц, выбор которых мог бы носить случайный характер, а с учетом системной организации лексики. Объектом сопоставительного анализа будут становиться семантически связанные лексические единицы, входящие в одну лексико-семантическую группу с уже «обработанными» лексическими единицами (исходной Р, относящейся к ядру русской лексики, согласно словарю [ЛОРЯ], и ее Б-эквивалентами). Следовательно, имеется в виду путь сопоставительного описания лексики, идущий от попарного анализа русских и болгарских лексических единиц к сопоставлению всей системно организованной лексики двух языков.

Напомним, что наше сопоставительное описание русской и болгарской лексики строилось на основе одностороннего двунаправленного сопоставительного анализа, со сменой направления в процессе анализа. При этом, однако, упор делался на той части анализа, которая связана с отправным языком, т.е. русским, и преимущественное внимание оказывалось русской исходной лексической единице. Это обусловлено уже тем, что подвергнутый попарному сопоставительному анализу русско-болгарский лексический материал определялся с опорой на русский словарный источник.

Дальнейшее расширение сопоставительного анализа русской и болгарской лексики предполагает проведение (повторение) сопоставительного анализа лексики этих языков с опорой теперь уже на болгарскую (на болгарский словарный источник) в качестве исходной, отправной точки анализа. Это не просто дополнит охваченный сопоставительным описанием материал, но позволит дать более верную картину соответствия русского и болгарского языков в сфере их лексического состава (системно организованной лексики). При этом, однако, встает вопрос о выборе болгарских словарных источников в качестве исходных, эквивалентных русским, использованным в проведенном уже сопоставительном анализе.

Проделанная уже работа по сопоставительному описанию современной русской и болгарской лексики и ее продолжение, как кажется, могут быть полезны с точки зрения собственно теоретической (сопоставительно-типологическое описание языков, создание сопоставительной лексикологии современного русского и болгарского языков) и прикладной (лексикографическая и переводческая практика, обучение неродному языку). Представляется, что результаты ее могут быть использованы для создания двуязычных (русско-болгарских) словарей разных типов – общего и специального типа, и в частности учебных[50], с одной стороны, и различных учебных пособий, с другой. Опытом применения попарного сопоставительного анализа русских и болгарских лексических единиц к описанию определенного лексического материала в учебных целях является пособие [Лингвометодическое описание 1995], подготовленное к печати группой сотрудников кафедры русского языка Софийского университета (под научным руководством Т.М.Дорофеевой, доцента Института русского языка им А.С.Пушкина[51], и И.Червенковой).

---

[50] См. [Червенкова 1988].
[51] Ныне *Государственный институт русского языка им. А.С. Пушкина* (Москва).

В заключение отметим, что реализация намеченных перспектив продолжения сопоставительного описания современной русской и болгарской лексики с переходом на последующие его этапы находится в прямой зависимости от наличия нацеленного на это большого и слаженного научного коллектива, работа которого будет построена на максимальном использовании современных компьютерных технологий.

ЛИТЕРАТУРА

Авилова 1981 – *Авилова Н.С.* Двувидовые глаголы с заимствованной основой в русском литературном языке нового времени // Вопросы языкознания. 1981, № 5.

Акуленко 1969 – Англо-русский и русско-английский словарь «ложных друзей переводчика» / Под общим руководством В.В. Акуленко. М., 1969.

Акуленко 1972 – *Акуленко В.В.* Вопросы интернационализации словарного состава языка. Харьков, 1972.

Амосова 1963 – *Амосова Н.И.* Основы английской фразеологии. Л., 1963.

Англо-русский синонимический словарь / Под руководством А.И. Розенмана и Ю.Д. Апресяна. М., 1979.

Андрейчина 1977 – *Андрейчина К.* Вопросы учета национальной культуры учащихся при составлении лингвострановедческого учебного словаря. Канд. дисс. М., 1977.

Апресян 1974 – *Апресян Ю.Д.* Лексическая семантика. Синонимические средства языка. М., 1974.

Апресян 1979 – *Апресян Ю.Д.* Английские синонимы и синонимический словарь // Англо-русский синонимический словарь / Под руководством А.И. Розенмана и Ю.Д. Апресяна М., 1979.

Апресян 1980а – *Апресян Ю.Д.* К формальной модели семантики – правила взаимодействия значений // Представление значений и моделирование процессов понимания. Новосибирск, 1980.

Апресян 1980б – *Апресян Ю.Д.* Типы информации для поверхностно-семантического компонента модели «Смысл – Текст» // Wiener Slawistischer Almanach. Wien, 1980.

Апресян 1982 – *Апресян Ю.Д.* О возможности определения лингвистических понятий // Russian Linguistics, vol. 6, № 2, 1982.

Апресян, Палл 1982 – *Апресян Ю.Д., Палл Э.* Русский глагол – венгерский глагол. Управление и сочетаемость. Т. 1-2. Будапешт, 1982.

Апресян 1983 – *Апресян Ю.Д.* О структуре значений языковых единиц // Tekst i Zdanie. Ossolineum, 1983.

Апресян 1986а – *Апресян Ю.Д.* Интегральное описание языка и толковый словарь // Вопросы языкознания. 1986, № 2.

Апресян 1986б – *Апресян Ю.Д.* Дейксис в лексике и грамматике и наивная модель мира. Семиотика и информатика. Вып. 28, 1986.

Аракин 1979 – *Аракин В.Д.* Сравнительная типология английского и русского языков. Л., 1979.

Ахманова 1966 – *Ахманова О.С.* Словарь лингвистических терминов. М., 1966.

Бабов, Въргулев 1961 – *Бабов К., Въргулев А.* Тематичен руско-български речник. С., 1961.

Бабов 1972 – *Бабов К.* Руският език в България (1944-1970). Библиография. С., 1972.

Бабов 1973 – *Бабов К.* Международна лексика от гръцки и латински произход, възприета в българския книжовен език чрез руски език // Славистични изследвания. Т. 3. С., 1973.

Бабов 1978а – *Бабов К.* Руско-българските езикови контакти и въпросът за типологията на русизмите в българския език // Славянска филология. Т.15. С., 1978.

Бабов 1978б – *Бабов К.* Лексикални калки в българския книжовен език, възприети от руския език. Съпоставително езикознание. 1978, № 5.

Барнет 1983 – *Барнет В.* К проблеме языковой эквивалентности при сравнении // Сопоставительное изучение грамматики и лексики русского языка с чешским и другими славянскими языками. М., 1983.

Барсук 1987 – *Барсук Л.В.* Широкозначное слово и возможность его идентификации через частный пример // Психолингвистические исследования – звук, слово, текст. Калинин, 1987.

Бархударов 1975 – *Бархударов Л.С.* Язык и перевод. М., 1975.

Бархударов 1980 – *Бархударов Л.С.* К вопросу о типах межъязыковых лексических соответствий. Иностранные языки в школе, 1980, № 5.

БАС – Словарь современного русского литературного языка. Т. 1-17. М.-Л., 1950-1965.

Беме 1981 – *Беме Х.* О сопоставлении семантических отношений в лексике // Русский язык – предмет изучения и средство восприятия. Киев-Лейпциг, 1981.

Бережан 1973 – *Бережан С.Г.* Семантическая эквивалентность лексических единиц. Кишинев, 1973.

Бережан 1984 – *Бережан С.Г.* Обусловленность словарного значения глагола его грамматическими особенностями // Слово в грамматике и словаре. М., 1984.

Бережан 1988 – *Бережан С.Г.* Сопоставительное изучение микросистем лексики и обоснование системного характера переводных словарей // Методы сопоставительного изучения языков. М., 1988.

Берков 1977 – *Берков В.П.* Слово в двуязычном словаре. Таллинн, 1977.

Богуславский 1985 – *Богуславский И.М.* Исследования по синтаксической семантике. М., 1985.

Брайнова 1981 – *Брайнова Р.* К вопросу о семантической характеристике микрополя глаголов со значением 'делить что-либо на части инструментом' в русском языке в сопоставлении с болгарским // Исследования русского языка в сопоставлении с болгарским. С., 1981.

БРСБ – *Бернштейн С.Б.* Болгарско-русский словарь. М., 1966.

БРРЧ – *Чукалов С.* Българско-руски речник. Изд. 3. С., 1960.

БТР – *Андрейчин Л., Георгиев Л. и др.* Български тълковен речник. С., 1976.

Будагов 1963 – *Будагов Р.А.* Сравнительно-семасиологические исследования (романские языки). М., 1963.

Будагов 1968 – *Будагов Р.А.* Типы соответствий между значениями слов в родственных языках // Филологические науки. 1968, № 5.

Будагов 1971 – *Будагов Р.А.* Несколько замечаний о «ложных друзьях переводчика» // Мастерство перевода. М., 1971.

Будовичова 1983 – *Будовичова В.* К проблематике сопоставительного изучения лексикологии родственных языков (лексические параллели в словацком, русском и чешском языках) // Сопоставительное изучение русского языка с чешским и другими славянскими языками. М., 1983.

Варина 1976 – *Варина В.Г.* Лексическая семантика и внутренняя форма языковых единиц // Принципы и методы семантических исследований. М., 1976.

Василевич 1977 – *Василевич А.П.* Исследование лексики в психолингвистическом эксперименте. М., 1977.

Василевич 1988 – *Василевич А.П.* Цветонаименования и проблема перевода текста // Текст и перевод / Под ред. А.В. Швейцера. М., 1988.

Васильева 1983 – *Васильева В.С.* Некоторые наблюдения над сочетаемостными особенностями качественных и относительных прилагательных в русском и чешском языках // Сопоставительное изучение русского языка с чешским и другими славянскими языками. М., 1983.

Вильске 1975 – *Вильске Л.* Конфронтативное описание лексики на основе лексико-семантических систем // Вопросы методологии и методики описания русского языка в сопоставлении с родным. Загреб, 1975.

Вилюман, Соболева 1978 – *Вилюман В.Г., Соболева П.А.* Семантико-синтаксические проблемы в контрастивной лингвистике // Проблемы структурной лингвистики 1978. М., 1981.

Вилюман 1980 – *Вилюман В.Г.* Английская синонимика. М., 1980.

Влахов, Флорин 1970 – *Влахов С., Флорин С.* Непереводимое в переводе (Реалии) // Мастерство перевода. М., 1970.

Влахов, Флорин 1978 – *Влахов С., Флорин С.* Непереводимое в переводе: звукоподражания и междометия // Съпоставително езикознание. 1978, № 5.

Влахов 1978 – *Влахов С.* Безэквивалентная лексика в переводоведении // Болгарская русистика. 1978, № 2.

Влахов, Флорин 1980 – *Влахов С., Флорин С.* Непереводимое в переводе. М., 1980.

Газизова, Димитрова 1985 – *Газизова Р.Ф., Димитрова Н.С.* Вторичная номинация лица путем метафоризации зоонима (на материале русского и болгарского языков) // Съпоставително езикознание. 1985, № 4.

Гак 1960 – *Гак В.Г.* Некоторые общие семантические особенности французского слова в сравнении с русским и вопросы лексикографии // Лексикографический сборник. Вып. IV. М., I960.

Гак 1971 – *Гак В.Г.* К проблеме семантической синтагматики // Проблемы структурной лингвистики. 1971. М., 1972.

Гак 1973 – *Гак В.Г.* Язык и речь в двуязычных словарях // Slovo a slovnik. Bratislava, 1973.

Гак 1974 – *Гак В.Г.* Сопоставительное изучение языков и лингвистическая типология // Русский язык в национальной школе, 1974, № 3.

Гак 1977а – *Гак В.Г.* Сопоставительная лексикология. М., 1977.

Гак 1977б – *Гак В.Г.* Сравнительная типология французского и русского языков. Л., 1977.

Гак 1984 – *Гак В.Г.* Об универсальных закономерностях контрастивного анализа // Типы языковых общностей и методы их изучения, М., 1984.

Георгиев 1948 – *Георгиев В.* Езиково сближение на славянските народи // Език и литература. 1948, № 4.

Гинзбург 1972 – *Гинзбург Е.Л.* Синтаксическая и лексическая деривация // Актуальные проблемы русского словообразования. Самарканд, 1972.

Гинзбург 1985 – *Гинзбург Е.Л.* Конструкции полисемии в русском языке // Таксономия и метонимия, М., 1985.

Гладров 1983 – *Gladrow W.* Zur Aquivalenzfrage in der konfrontativen Linguistik // Einführung in die konfrontative Linguistik. Leipzig, 1983.

Гладров 1985 – *Gladrow W.* О разных ступенях эквивалентности между единицами двух языков // Zeitschrift für Slawistik. Band XXX. 1985, Heft 2.

Гочева 1975а – *Гочева Э.* Сопоставление русской и болгарской лексики в методических целях (на уровне формы и значения) // Вопросы обучения русскому языку и литературе в болгарской школе – IV. С., 1975.

Гочева 1975б – *Гочева Э.* Лингвометодические основы обучения русской лексике в болгарской школе. Канд. дисс. 1975.

Гочева 1976 – *Гочева Э.* Лексический минимум по русскому языку для болгарской школы (активный словарь). С., 1976.

Гочева, Христова, Гочев 1980 – *Гочева С., Христова И., Гочев Г.* К вопросу о лакунах в современном русском и болгарском языках // Болгарская русистика. 1980, № 4.

Гудавичюс 1980 – *Гудавичюс А.* Универсальное и специфическое в лексическом значении // Slavia. 1980, № 1-2.

Гудавичюс 1981 – *Гудавичюс А.* Теоретические предпосылки сопоставительной семасиологии // Československá rusistika. 1981, № 1.

Гудавичюс 1985 – *Гудавичюс А.* Сопоставительная семасиология литовского и русского языков. Вильнюс, 1985.

Денисова 1978 – *Денисова М.А.* О некоторых принципах лексикографического описания безэквивалентных и фоновых слов // Проблемы учебной лексикографии и обучения лексике. М., 1978.

Джамбазов 1985 – *Джамбазов П.* Словообразовательные структуры нескольких групп русских слов сквозь призму болгарского языкового сознания // Болгарская русистика. 1985, № 1.

Джананова 1967 – *Джананова М.* Задачи и структура на един българско-руски речник на словосъчетанията със съществителни имена // Български език. 1967, №№ 5, 6.

Димитрова, Спасова 1980 – *Димитрова М., Спасова А.* Синонимен речник на съвременния български книжовен език. С., 1980.

Димитрова 1984 – *Димитрова Т.* Семантическое освоение слов, заимствованных русским и болгарским языками из французского. Канд. дисс. М., 1984.

Димитрова 1985а – *Димитрова Т.* О причинах межъязыковой омонимии (о некоторых французских заимствованиях в русском и болгарском языках) // Съпоставително езикознание. 1985, № 3.

Димитрова 1985б – *Димитрова Т.* Наблюдения над семантическим включением этимологически тождественных слов (на материале заимствованной лексики) // Сопоставительное описание русской и болгарской лексики. С., 1985.

Димитрова 1986 – *Димитрова Т.* Заметки о семантической эволюции заимствованных слов в близкородственных языках // Болгарская русистика. 1986, № 2.

Димитрова 1987 – *Димитрова Т.* Наблюдения върху етимологически тъждествени думи в руския и българския език // Езикови проблеми на превода (руски език). С., 1987.

Дылевский 1958 – *Дылевский Н.М.* Главнейшие особенности общеславянской лексики современного болгарского языка (в сопоставлении с общеславянской лексикой русского языка) // Славистичен сборник. Т. 1. Езикознание. С., 1958.

Жукова 1987 – *Жукова Т.В.* К вопросу об определении в парадигматическом аспекте слов с наиболее общими лексическими значениями // Вопросы языкознания. 1987, № 2.

Затовканюк 1978а – *Затовканюк М.* Новые аспекты сопоставительного изучения восточнославянских языков // Slavia. ZLVII, 1978, № 3.

Затовканюк 1978б – *Затовканюк М.* Формально-смысловые отношения в области языковой интерференции // Československá rusistika. 1978, № 2.

Иванова 1982 – *Иванова В.А.* Антонимия в русском языке. М., 1982.

Иванова 1974 – *Иванова З.* Словарь-минимум по русскому языку для студентов-русистов болгарских вузов. С., 1974.

Иванова, Занглигер 1980 – *Иванова З., Занглигер В.* Усвоение русской лексики учащимися болгарской школы. С., 1980.

Карловска 1985 – *Карловска А.* Сопоставительный семантический анализ глаголов со значением 'излучать свет' в русском и болгарском языках // Болгарская русистика. 1985, № 2.

Карпачева 1985 – *Karpaczewa M.* Aproksimaty - wyrazy reznych jezykow o podobnej formie a odmiennym znaczeniu (na przykladzie jezyka polskiego i bolgarskiego) // Rocznik Slawistyczny. XLV, 1985, cz. 1.

Карпачева 1986 – *Кърпачева М.* Българско-полски апроксимати // Втори международен конгрес по българистика. Доклади. С., 1986.

Карпачева 1987 – *Kyrpaczewa M.* O jednej z kategorii aproksymatow jezyka polskiego i bulgarskiego. Slawistyczne studia jezykoznawczo, 1987.

Карпов 1983 – *Карпов В.А.* Явление межъязыковое омонимии в условиях русско-болгарского билингвизма // Съпоставително езикознание. 1983, № 5.

Кияк 1987 – *Кияк Т.Р.* О «внутренней форме» лексических единиц // Вопросы языкознания. 1987, № 3.

Ковачева 1974а – *Ковачева Н.* Глаголы положения в функции знака предикации (в русском и болгарском языках) // Болгарская русистика. 1974, № 2.

Ковачева 1974б – *Ковачева Н.* О семантической сочетаемости глаголов положения (в русском и болгарском языках) // Болгарская русистика. 1974, № 4.

Ковачева 1978 – *Ковачева Н.* Выражение в русском и болгарском языках дифференцированного положения предмета в пространстве // Болгарская русистика. 1978, № 1.

Ковачева 1982 – *Ковачева Н.* Глаголы положения в русском языке в сопоставлении с болгарским. С., 1982.

Ковачева 1983 – *Ковачева Н.* Категория рода имен существительных в русском языке в сопоставлении с болгарским // Проблемы сопоставительного изучения морфологии и словообразования в русском и болгарском языках. С., 1983.

Ковачева 1986 – *Ковачева Н.* Данные русско-болгарских и болгарско-русских словарей в свете семантического сопоставительного анализа // Болгарская русистика. 1986, № 6.

Ковачева 1987 – *Ковачева Н.* О методике сопоставительного описания грамматического строя близкородственных языков в учебных целях // Болгарская русистика. 1987, № 3.

Коллар 1974 – *Коллар Д.* К проблематике сопоставительного анализа словарного состава русского и словацкого языков // Československá rusistika. 1974, № 2.

Колобаев 1982 – *Колобаев В.К.* Слово широкой семантики в языке и речи // Проблемы комплексного анализа языка и речи. Л., 1982.

Колобаев 1983 – *Колобаев В.К.* О некоторых смежных явлениях в области лексики. Иностранные языки в школе, 1983, № 1.

Контрастивные исследования русского и немецкого языков. Воронеж, 1986.

К сопоставительному описанию... – К сопоставительному описанию русской и болгарской лексики // Под ред. И. Червенковой (рукопись).

Кузнецов 1980 – *Кузнецов А.М.* Структурно-семантические параметры в лексике. На материале английского языка. 1980.

Кузнецов 1988 – *А. М. Кузнецов.* Основания для сравнения в контрастивной семасиологии // Методы сопоставительного изучения языков. М., 1988.

Кузнецова 1973 – *Кузнецова Э.В.* Ступенчатая идентификация как средство описания семантических связей слов // Вопросы металингвистики. Л., 1973.

Кузнецова 1982 – *Кузнецова Э.В.* Лексикология русского языка. М., 1982.

Лебедева 1982 – *Лебедева Л.Б.* Функциональные особенности существительных широкой семантики // Теоретические проблемы семантики и ее отражения в одноязычных словарях. Кишинев, 1982.

Легурска 1982 – *Легурска П.* Вторичные лексические номинации конкретных имен существительных в русском и болгарском языках. Канд. дисс. С., 1982.

Легурска 1983 – *Легурска П.* Названия животных – метафорические характеристики человека в русском и болгарском языках // Болгарская русистика. 1983, № 5.

Легурска 1984 – *Легурска П.* Тематическая группа и типы полисемии предметных имен (на материале русского и болгарского языков) // Болгарская русистика. 1984, № 5.

Легурска, Сираков 1984 – *Легурска П., Сираков А.* Образна метафора (върху материал от славянските езици) // Съпоставително езикознание. 1984, № 4.

Легурска, Златанов 1985 – *Легурска П., Златанов И.* Номинативна метафора (върху материал от славянските езици) // Съпоставително езикознание. 1985, № 4.

Легурска 1985 – *Легурска П.* Някои типове редовна метонимия при названията на предмети (върху материал от руския и българския език) // Съпоставително езикознание. 1985, № 5.

Легурска 1987 – *Легурска П.* Проблеми на предметната лексика (върху материал от руския и българския език) // Съпоставително езикознание. 1987, № 5.

Леонова 1984 – *Леонова Л.А.* К проблеме классификации лакун // Семантика и структура слова. Калинин, 1984.

Леэметс 1984 – *Леэметс Х.Д.* Отражение семантики слова в двуязычном словаре. Слово в грамматике и словаре. М., 1984.

Лингвометодическое описание 1995 – Лингвометодическое описание русской лексики и грамматики в свете болгарского языка. С., 1995.

ЛОРЯ – Лексическая основа русского языка / Под ред. В.В. Морковкина. М., 1984.

Маркарьян, Байрямова 1962 – *Маркарьян Н.Е., Байрямова Л.К.* Некоторые причины семантического расхождения генетически родственных слов в славянских языках // Ученые записки Казанского университета. Т. 122, кн. 5. Казань, 1962.

МАС – Словарь русского языка. Т. 1-4 / Под ред. А.П. Евгеньевой. 2-е изд., 1981-1984.

Медникова 1974 – *Медникова Э.М.* Значение слова и методы его описания. М., 1974.

Мельчук 1968; *Мельчук И.А.* Строение языковых знаков и возможные формально-смысловые отношения между ними. Известия АН СССР Серия литературы и языка. 1968, № 5.

Мельчук 1974 – *Мельчук И.А.* Опыт теории лингвистических моделей «Смысл – Текст» М., 1974.

Методы изучения лексики. Минск, 1975.

Митева 1985 – *Митева Ц.* Особенности семантики и строения существительных со значением орудия в русском и болгарском языках // Болгарская русистика. 1985, № 6.

Михайлов 1982 – *Михайлов В.А.* Конверсная синонимия у антонимов // Проблемы комплексного анализа языка и речи. Л., 1982.

Московска 1981 – *Московска М.* Формално сходни двойки думи в английски и български език (семантични и функционални характеристики) // Съпоставително езикознание и чуждоезиково обучение. Велико Търново, 1981.

Муравьев 1971 – *Муравьев В.Л.* О языковых лакунах // Иностранные языки в школе. 1971, № 1.

Муравьев 1975 – *Муравьев В.Л.* Лексические лакуны. Владимир, 1975.

Новаковски 1980 – *Nowakowski M.* The Lexikon and Contrastive Language Studies // Amsterdam Studies in the Linguistic theory. Vol 12. Amsterdam, 1980.

Норман 1987 – *Норман Б.* О внутриязыковых факторах номинационного процесса // Съпоставително езикознание. 1987, № 4.

Паламарчук, Андреш, Стоянов 1983 – *Пламарчук Л.С., Андреш Й.Ф., Стоянов І.А.* Зіставне дослідження лексико-семантичних відношень у словянськгх мовах // Словянське мовознавство. Киев, 1983.

Панчев 1955 – *Панчев К.* Диференциален фразеологичен руско-български речник. С., 1955.

Панчев 1963 – *Панчев К.* Диференциален руско-български речник. С., 1963.

Пернишка 1979 – *Пернишка Е.* Развиване на семантиката на съществителни и прилагателни в български и руски по метонимичен път // Съпоставително изследване на частните лексикални системи в славянските езици в синхрония и диахрония. С., 1979.

Петков 1984 – *Петков П.* За характера на сходствата и различията при съпоставителното описание на езиците с оглед тяхната комуникативна функция // Съпоставително езикознание. 1984, № 6.

Петрова, Манолова 1985 – *Петрова Ст., Манолова Л.* Интернационалната лексика в чуждоезиковото обучение (Формално сходни думи в българския, английския, френския и испанския език) // Съпоставително езикознание. 1985, № 5.

Пиотровский, Чижевский 1971 – *Пиотровский Р.Г., Чижевский А.* О двуязычной ситуации // Статистика речи и автоматический анализ текста. Л., 1971.

Плоткин, Гросул 1982 – *Плоткин В.Я., Гросул Л.Я.* Широкозначность как лексико-грамматическая категория // Теоретические проблемы семантики и ее отражения в одноязычных словарях. Кишинев, 1982.

Плотников 1979 – *Плотников Б.А.* Видове лексикални отношения между еднокоренни думи в славянските езици // Съпоставително езикознание. 1979, № 2.

Попова 1980 – *Попова З.Д.* Теоретические и практические аспекты сопоставительного изучения языков // Сопоставительно-семантические исследования. Воронеж, 1980.

Проблемы сопоставительного изучения морфологии и словообразования в русском и болгарском языках, С., 1983.

РБЕ – Речник на българския език. С., 1977-... .

РБР – Руско-български речник. Т. 1-2 / Под ред. на С. Влахов, А. Людсканов, Г.А. Тагамлицкая. С., 1960.

РБРЧ – *Чукалов С.* Русско-болгарский словарь. М., 1962.

Ревзин, Розенцвейг 1964 – *Ревзин И.И., Розенцвейг В.Ю.* Теория общего и машинного перевода. М., 1964.

Реформатский 1952 – *Реформатский А.А.* Лингвистические вопросы перевода // Иностранные языки в школе. 1952, № 6.

Реформатский 1962 – *Реформатский А.А.* О сопоставительном методе // Русский язык в национальной школе. 1962, № 5.

Рецкер 1974 – *Рецкер Я.И.* Теория перевода и переводческая практика. М., 1974.

РСБКЕ – Речник на съвременния български книжовен език. Т. 1-3 / Гл. ред. акад. С. Романски. С., 1955-1959.

Секанинова 1973 – *Секанинова Э.* Значение лексической единицы в сопоставительном аспекте // Slovs a slovnik. Bratislava, 1973.

Секанинова 1981 – *Sekaninová E.* Prekladove ekvivalenty v dvojjazycnej lexlkografii. Československá rusistika. 1981, № 3.

Секанинова 1983 – *Sekaninová E.* Z konfrontacie semantickeho pol'a slovies pocitu v rustine a slovencine. Slavia, 1983, № 1.

Семантическая общность 1986 – Семантическая общность национальных языковых систем. Воронеж, 1986.

Семантическая специфика 1985 – Семантическая специфика национальных языковых систем. Воронеж, 1985.

Семантические категории 1981 – Семантические категории сопоставительного изучения русского языка. Воронеж, 1981.

Семантические процессы 1984 – Семантические процессы в системе языка. Воронеж, 1984.

Симеонова 1983 – *Симеонова X.* Полско-български лексикални успоредици // Тринадесет века България. Материали на полско-българска научна сесия. Варшава, 28-30.10.1981. Вроцлав, 1983.

СОж – *Ожегов С.И.* Словарь русского языка / Под ред. Н.Ю. Шведовой. М., 1975.

Сопоставительная лингвистика 1987 – Сопоставительная лингвистика и обучение неродному языку. М., 1987.

Сопоставительное изучение 1983 – Сопоставительное изучение русского языка с чешским и другими славянскими языками. М.,1983.

Сопоставительное изучение 1987 – Сопоставительное изучение словообразования славянских языков. М., 1987.

Сопоставительное исследование 1975 – Сопоставительное исследование русского и украинского языков. Киев, 1975.

Сопоставительно-семантические исследования 1979 – Сопоставительно-семантические исследования русского языка. Воронеж, 1979.

Сопоставительно-семантические исследования 1980 – Сопоставительно-семантические исследования русского языка. Воронеж, 1980.

Сопоставительные исследования 1982 – Сопоставительные исследования русского и болгарского языков. Библиография. С., 1982.

Сочетаемость слов 1984 – Сочетаемость слов и вопросы обучения русскому языку иностранцев / Под ред. В.В. Морковкина. М., 1984.

СОРБЛ 1984 – Сопоставительное описание русской и болгарской лексики (материалы по формальному сопоставлению). С., 1984.

СОРБЛ 1985 – Сопоставительное описание русской и болгарской лексики (материалы по содержательному аспекту сопоставления). С., 1985.

ССРЯ – Словарь синонимов русского языка Т. 1-2 / Под ред. А.П. Евгеньевой. Л., 1970-1971.

СССРЯ – Словарь сочетаемости слов русского языка / Под ред. П.Н. Денисова и В.В. Морковкина. 2-е изд. М., 1983.

Стайкова 1978 – *Стайкова Х.* Лексико-фразеологические особенности русской разговорной речи в сопоставлении с болгарской. Канд. дисс. М., 1978.

Стайкова, Васильева 1983 – *Стайкова Х., Васильева А.* Русская разговорная речь в сопоставлении с болгарской. С., 1988.

Стернин 1981 – *Стернин И.А.* Значение и актуальный смысл слова // Семантические категории сопоставительного изучения русского языка. Воронеж, 1981.

Стернин 1989а – *Стернин И., Флекенштейн К.* Практикум по лексикологии современного русского языка. Галле, 1989.

Стернин 1989б – *Стернин И.А.* О понятии межъязыковой лексической эквивалентности // Теоретические вопросы сопоставительного изучения славянских и немецкого языков. Берлин, 3-4 апреля 1989 г.

Сукаленко 1976 – *Сукаленко Н.И.* Двуязычные словари и вопросы перевода. Харьков, 1976.

Супрун 1975 – *Супрун А.Е.* Сопоставительно-типологический анализ лексики // Методы изучения лексики. Минск, 1975.

Супрун 1980 – *Супрун А.Е.* Въпроси на типологичното съпоставяне на белоруската и българската лексика // Съпоставително езикознание, 1980, № 5.

Супрун 1983 – *Супрун А.Е.* Лексическая типология славянских языков. Минск, 1983.

Супрун 1988 – *Супрун А.Е.* Принципы сопоставительного изучения лексики // Методы сопоставительного изучения языков. М., 1988.

СУш – Толковый словарь русского языка. Т. 1-4 / Под ред. Д.Н. Ушакова. М., 1935-1940.

Сятковский 1976 – *Сятковский С.* Основные принципы сопоставительного анализа языков // Русский язык за рубежом. 1976, №№ 4, 5.

Сятковскш 1984 – *Сятковский С.* За същността на съпоставителното езикознание // Съпоставително езикознание. 1984, № 5.

Телия 1981 – *Телия В.Н.* Типы языковых значений. Связанное значение слова в языке. М., 1981.

Тончева 1979 – *Тончева М.* Близката лексика като специфично явление при обучението по руски (близкородствен) език. Канд. дисс. С., 1979.

Тулина 1984 – *Тулина Т.* Сопоставительный анализ полисемии общеславянских прилагательных в русском и болгарском языках // Съпоставително езикознание. 1984, № 5.

Уфимцева 1986 – *Уфимцева А.А.* Лексическое значение. Принципы семиологического описания лексики. М., 1986.

Фельдман 1957а – *Фельдман Н.И.* Анализ смысловой структуры слова в двуязычном словаре // Лексикографический сборник. Вып. I. М., 1957.

Фельдман 1957б – *Фельдман Н.И.* О границах перевода в иноязычно-русских словарях // Лексикографический сборник. Вып. II. М., 1957.

Фельдман 1984 – *Фельдман Н.И.* Номинативные функции некоторых широкозначных существительных английского языка // Семантика и структура слова. Калинин, 1984.

Филипец 1973а – *Филипец Й.* К вопросу о семантическом описании лексических единиц // Языкознание в Чехословакии. М., 1973.

Филипец 1973б – *Филипец Й.* О конфронтации частных семантических систем в словарном составе двух разных языков // Языкознание в Чехословакии. М., 1973.

Филипец 1973в – *Филипец Й.* Эквиваленты и синонимы в словарном запасе // Slovo a slovnik. Bratislava, 1973.

Функционирование русского языка в близкородственном языковом окружении. Киев, 1981.

Харитонова 1987 – *Харитонова Б.* Национальная специфика семантики русского слова. Автореферат канд. дисс. Воронеж, 1987.

Цонев 1902 – *Цонев Б.* Руско-български паралели // Славянски глас. 1902, кн. I.

Червенкова 1968 – *Червенкова И.* Лексико-семантическое сопоставление двух генетически родственных слов болгарского и русского языков // Известия на Института за български език. XVI, 1968.

Червенкова 1974 – *Червенкова И.* О показателях меры признака (на материале современного русского литературного языка) // Годишник на Софийски университет. Факултет по славянски филологии. Т. 68, 1. С., 1974.

Червенкова 1975а – *Червенкова И.* Адвербиальные показатели степени признака в русском языке // Софийски университет. Факултет по славянски филологии. Т.68, 3. 1975. С., 1977.

Червенкова 1975б – *Червенкова И.* Выражение низкой степени признака в русском языке (в сопоставлении с болгарским) // Вопросы обучения русскому языку и литературе в болгарской школе - IV. С., 1975.

Червенкова 1976 – *Червенкова И.* Об интерференции в области лексики близкородственных языков // Rustina v teorii a v praxi. Praha, 1976, № 4.

Червенкова 1977 – *Червенкова И.* О лексическом сходстве и различии русского и болгарского языков // Бюлетин за съпоставително изследване на българския език с други езици. С., 1977, № 6.

Червенкова 1978 – *Червенкова И.* К сопоставительному описанию меры признака в русском и болгарском языках // Славянска филология. Т. 15. С., 1978.

Червенкова 1979 – *Червенкова И.* Отрицание при абвербиальных показателях меры признака в русском языке (сопоставительно с болгарским) // Болгарская русистика. 1979, № 5.

Червенкова 1982а – *Червенкова И.* О сопоставительном описании русской и болгарской лексики // Вопросы сопоставительного описания русского и болгарского языков. Фонетика и лексика. С., 1982.

Червенкова 1982б – *Червенкова И.* Сопоставительный анализ одной русско-болгарской лексической пары. Болгарская русистика. 1982, № 3.

Червенкова 1983а – *Червенкова И.* К специфике сопоставительного исследования лексики близкородственных языков // Славянска филология. Т.17. С., 1983.

Червенкова 1983б – *Червенкова И.* Некоторые проблемы семантического изучения лексики русского и болгарского языков // Годишник на Софийски университет. Факултет по славянски филологии. Т.77, 1, 1983. С., 1987.

Червенкова 1987а – *Червенкова И.* Об одном подходе к сопоставительному описанию лексики // Съпоставително езикознание. 1987, № 1.

Червенкова 1987б – *Червенкова И.* О безэквивалентности в лексике // Болгарская русистика. 1987, № 3.

Червенкова 1987в – *Червенкова И.* Лексикална семантика и превод // Езикови проблеми на превода (руски език). С., 1987.

Червенкова 1988 – *Червенкова И.* Сопоставительный анализ лексики и двуязычные словари // Болгарская русистика. 1988, № 2.

Чобанов 1981 – *Чобанов И.* Болгарско-русские словарные параллели // Исследования русского языка в сопоставлении с болгарским. С., 1981.

Чукалов 1958 – *Чукалов С.* Лексикално родство между руския и българския език // Славистичен сборник. С., 1958.

Чукалов 1960 – *Чукалов С.* Руско-българска омонимика // Езиковедско-етнографски изследвания в памет на акад. Ст. Романски. С., 1960.

Шведова 1981 – *Шведова Н.Ю.* Однотомный толковый словарь // Русский язык. Проблемы художественной речи. Лексикология и лексикография. М., 1981.

Шведова 1984 – *Шведова Н.Ю.* Об активных потенциях, заключенных в слове // Слово в грамматике и словаре. М., 1984.

Шмелев 1964 – *Шмелев Д.Н.* Очерки по семасиологии русского языка. М., 1964.

Шмелев 1973 – *Шмелев Д.Н.* Проблемы семантического анализа лексики. М., 1973.

Шмелев 1982 – *Шмелев Д.Н.* Введение // Способы номинации в современном русском языке. М., 1982.

Штирбу 1977 – *Штирбу Т.А.* Однозначность и неоднозначность лексических единиц в двуязычной ситуации. Кишинев, 1977.

Щерба 1931 – *Щерба Л.В.* О трояком аспекте языковых явлений и об эксперименте в языкознании // Щерба Л.В. Языковая система и речевая деятельность. Л., 1974.

Щерба 1940 – *Щерба Л.В.* Опыт общей теории лексикографии // Щерба Л.В. Языковая система и речевая деятельность. Л., 1974.

Ыйм 1981 – *Ыйм А.А.* Семантическая структура слова в переводном словаре. Автореферат канд. дисс. Воронеж, 1981.

Юсупов 1980 – *Юсупов У.К.* Проблемы сопоставительной лингвистики. Ташкент, 1980.

Юсупов 1988 – *Юсупов У.К.* Сопоставительная лингвистика как самостоятельная дисциплина // Методы сопоставительного изучения языков. М., 1988.

Языкознание в Чехословакии. М., 1977.

Якобсон 1979 – *Якобсон Р.* К теоретическому обоснованию сопоставительного описания языков // Русский язык за рубежом. 1979, № 6.

Ярцева 1981 – *Ярцева В.Н.* Контрастивная лингвистика. М., 1981.

УСЛОВНЫЕ СОКРАЩЕНИЯ И СИМВОЛЫ

Б	–	лексическая единица болгарского языка
Иа	–	иерархическая асимметрия в порядке следования толкований в Р и Б
Ис	–	иерархическая симметрия в порядке следования толкований в Р и Б
Ла	–	русская и болгарская части ПС лексически асимметричны
Лс	–	русская и болгарская части ПС лексически симметричны
ЛП	–	лексическая пара, состоящая из Р и Б
ЛФ	–	лексическая функция как средство метаязыкового описания
МОп	–	метаязыковое описательное соответствие, выражающее семантику лексической единицы сопоставляемого языка
Оп	–	описательное соответствие в одном языке, выражающее семантику лексической единицы в сопоставляемом языке
ПС	–	поле соответствия, образуемое членами ЛП, которое включает эквивалентное выражение (посредством слов, а также Оп и МОп) семантики Р и Б соответственно в болгарском и русском языках
ПС.	–	ПС закрытое: русская и болгарская части ПС семантически тождественны; сопоставительный семантический анализ закончен
ПС→	–	ПС открытое: сопоставительный семантический анализ должен быть продолжен (на следующих ступенях анализа)
$ПС^1$	–	ПС с соотношением семантической асимметрии (отношение семантического включения) в исходной ЛП и отношением лексической асимметрии между русской и болгарской частями в ПС
$ПС^1_р$	–	$ПС^1$ с включающей Р: русский член ЛП семантически шире
$ПС^1_б$	–	$ПС^1$ с включающей Б; болгарский член ЛП семантически шире
$ПС^1_р$ (←СЭЛП)	–	$ПС^1_р$ на основе СЭЛП

ПС$^1_6$ (→ПС^2)	–	ПС$^1_6$ ведущее к ПС^2
ПС^1 – ПС^2	–	промежуточный тип соответствия между ПС^1 и ПС^2
ПС^2	–	ПС с соотношением семантической асимметрии (отношение семантического пересечения) и отношением лексической асимметрии или лексической симметрии между русской и болгарской частями в ПС
ПС^2 (←ПС^1)	–	ПС^2 на основе ПС^1
Р	–	лексическая единица русского языка
Са	–	Р и Б семантически асимметричны
Сс	–	Р и Б семантически симметричны
СП	–	семантическое пространство Р и Б, представленное их толкованиями
СЭЛП	–	семантически (полностью) эквивалентная лексическая пара (Р и Б)
СЭЛП – ПС	–	промежуточный тип соответствия между СЭЛП и ПС
СЭЛП (→ПС)	–	СЭЛП, ведущая к ПС
СР ≡ СБ	–	Р и Б семантически тождественны
СР ⊃ СБ	–	Р семантически шире и «включает» семантику Б
СР ⊂ СБ	–	Р семантически уже и «включается» в семантику Б
СР ∩ СБ	–	Р и Б семантически «пересекаются»: в их семантике есть как общая, так и специфическая для каждой из них часть (только для Р и только для Б)
СР ∩ СБ = ∅	–	в семантике Р и Б нет общей части
X, Y, Z...	–	символы переменных при предикатных словах, используемые в толковании
≡	–	знак отношений тождества
⊂	–	знак отношений включения
∩	–	знак отношений пересечения
∅	–	знак отсутствия общей части (непересечения)

ПРЕДМЕТНЫЙ УКАЗАТЕЛЬ

Безэквивалентная лексика – 35-38, 104-114, 119, 219.
Двуязычная ситуация – 34, 101-102, 221.
Диалекса – 40.
Дублетная СЭЛП – 96.
Закрытое ПС – 91-93, 103, 182-184, 187, 191, 203, 217.
Зеркальное ПС – 97, 184-185, 196.
Иерархическая симметрия / асимметрия (толкований) в Р и Б – 76-77, 140, 153, 218.
Лакуна – 25, 35-38, 66, 104, 119.
Лексическая пара (ЛП) – 39-40, 79.
Лексическая симметрия / асимметрия в Р и Б – 60-61, 82, 88, 93, 102, 140.
МОп – 119-123, 137-141, 153-154, 157, 182, 189, 203, 217, 219.
Лексическая функция – 69-71, 107, 115, 123, 138, 142, 144, 146, 202-203.
Оп – 119, 200-201.
Открытое ПС – 93, 183, 187.
ПС – 61-62, 66, 79, 81-85.
Семантико-лексический аспект сопоставительного анализа – 60-65, 78, 118, 125, 133, 139-140, 158, 178, 205, 216.
Семантический аспект сопоставительного анализа – 60, 62, 78, 210, 214, 216.
Семантическое пространство – 73-77, 108, 135, 138, 181-182, 216.
Семантическая симметрия / асимметрия в ЛП – 61-62, 82, 85-86, 88, 103.
Совмещенное ПС – 97, 133-134, 141, 187, 195-196.
Степень (коэффициент) семантической близости слов Р и Б – 198-199.
Ступень семантического сопоставительного анализа – 78, 83, 104.
СЭЛП – 60-62, 76-103, 140-142, 178-191.
Толкование – 69-74, 183, 216, 218.
Шаг семантического сопоставительного анализа – 72, 78-91, 123, 125, 204.
Широкозначность лексической единицы – 65-72, 109-120, 202, 219.
Эквивалентность – 31-35.
Эквивалентность лексическая – 34.
Эквивалентность семантическая – 34.
Эквивалент точный / неточный – 111-114.
Эквивалент полный (абсолютный) / неполный – 59, 107-109, 114.
Эквивалент формальный – 34.

www.ingramcontent.com/pod-product-compliance
Lightning Source LLC
Chambersburg PA
CBHW071953070426
42451CB00015BA/3371